U0124383

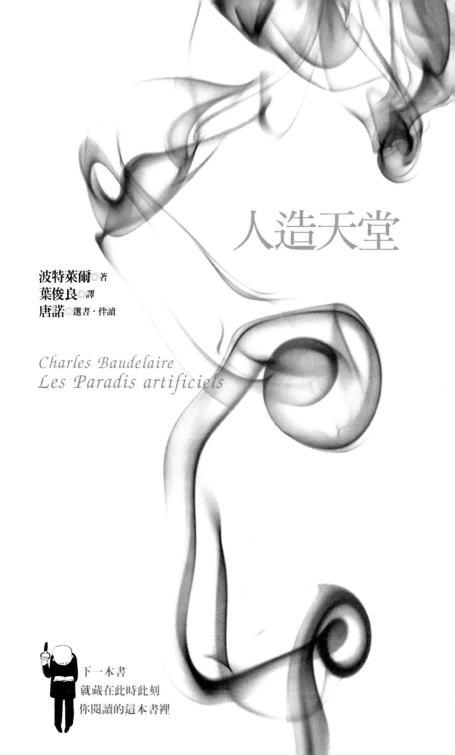

人造天堂

波特萊爾◎著
葉俊良◎譯
唐諾◎選書·伴讀

Charles Baudelaire
Les Paradis artificiels

下一本書
就藏在此時此刻
你閱讀的這本書裡

國家圖書館出版品預行編目資料

人造天堂／波特萊爾（Charles Baudelaire）著
；葉俊良譯. -- 初版. -- 臺北市：臉譜出
版：城邦文化發行，2007〔民96〕
　面；　公分.--（一本書系列：FB0013）
譯自：Artificial paradises
ISBN：978-986-7058-98-0（平裝）
1. 毒癮　2. 大麻　3. 鴉片

518.82　　　　　　　　　　　　96912611

【一本書】系列 FB0013

人造天堂
ARTIFICIAL PARADISES

作　　者　波特萊爾（Charles Baudelaire）
譯　　者　葉俊良
選書主編　唐　諾
特約編輯　楊　菁
封面設計　王小美
發 行 人　涂玉雲
出　　版　臉譜出版
　　　　　城邦文化事業股份有限公司
　　　　　台北市信義路二段213號11樓
　　　　　電話（02）23560933　傳真（02）23419100
　　　　　E-mail: faces@cite.com.tw
發　　行　英屬蓋曼群島商家庭傳媒股份有限公司城邦分公司
　　　　　台北市民生東路二段141號2樓
　　　　　讀者服務專線：0800-020-299
　　　　　服務時間：週一至週五9:30~12:00；13:30~17:30
　　　　　24小時傳真服務：02-25170999
　　　　　讀者服務信箱E-mail:cs@cite.com.tw
　　　　　郵撥帳號：19833503英屬蓋曼群島商家庭傳媒股份有限公司城邦分公司
　　　　　城邦網址：http://www.cite.com.tw
香港發行　城邦（香港）出版集團有限公司
　　　　　香港灣仔軒尼詩道235號3F
　　　　　電話：25086231／傳真：25789337
新馬發行　城邦（新、馬）出版集團
　　　　　Cite（M）Sdn. Bhd.（458372 U）
　　　　　11, Jalan 30D/146, Desa Tasik, Sungai Besi,
　　　　　57000 Kuala Lumpur, Malaysia
　　　　　電話：603-9056 3833／傳真：603-9056 2833
　　　　　email：citekl@cite.com.tw
初版一刷　2007年8月24日
ISBN　978-986-7058-98-0
定　　價　240元

ARTIFICIAL PARADISES :
BAUDELAIRE'S MASTERPIECE ON HASHISH

Copyright© by Charles Baudelaire, Stacy Diamond (translator)
This edition arranged with KENSINGTON PUBLISHING CORP.
through Big Apple Tuttle-Mori Agency, Inc.
Complex Chinese edition copyright©2007 FACES PUBLICATIONS
A DIVISION OF CITÉ PUBLISHING LTD.
All rights reserved.

選書說明

（一）【一本書】系列是讀者觀點的選書——我們最重要的原則是，這裏的每一本書都必須是選書人自己真心想看的書。我們相信閱讀的共通性、對話性本質，選書人必須回復到讀者身分、回歸最素樸的閱讀身分，才能找到閱讀的書，而不是販賣的書。

（二）【一本書】系列不是連續性的單一叢書系列，而是一本一本個別挑選的書——我們相信，讀書的人書是一本一本買的，也是一本一本讀的，我們必須配合這個閱讀本質，讓閱讀可以隨時從其中任一本書開始，並在其中任一本書完成。

（三）【一本書】系列是嘗試和當下的閱讀處境對話的選書——我們會在每一本書前的【伴讀】文字中說明，這本書和我們當下思維的牽扯和啟示，並揭示其中一種可能的閱讀途徑。

目錄

【伴讀】
大麻‧鴉片‧人造天堂

唐諾

《人造天堂》講兩種古老的麻醉物（姑且先這麼稱它們吧），前三分之一大麻後三分之二鴉片，但波特萊爾無意把它寫成大麻史和鴉片史，所以這個不勻稱的結構並不困擾他。我們把書讀下去，馬上會發現這樣的不勻稱並不只在書的體例框架而已，講大麻時，波特萊爾多少還交代一下大麻之為物，其加工製造過程還有一點點歷史，此外，波特萊爾也多少耐心的扮演個搜集者採訪者和談話者，通過一個個他所實際接觸到、問得到的大麻使用者，由他們來講其經驗和作用發生後的感受和記憶；但進入鴉片，波特萊爾則直接成了個書摘者或者說節本的改寫者，他的書寫身分在此進一步隱沒下去，只負責把英國大作家德昆西的《一個吸食鴉片的英國人的懺悔錄》一書重述一遍，專注的、單一來源的，以為這樣就夠了。這裏，我們還可以把波特萊爾視為翻譯者，負責將英國鴉片給引進到法國來，當時，就跟我們現在的台灣一樣，德昆西這部書的確還沒有法文譯本。

　　對於這位酒神式的詩人，這位萬事萬物總要真的進入他感官浸泡一番才得以從他筆下再現的書寫者，這個唯物對他而言不是某個哲學或歷史概念而是個體、形狀、色澤、聲音、氣味如本雅明所體認的真正唯物之人，如此謙遜如此無我的只擔任個訪談者和引述者不僅罕見簡直讓人驚駭了，以至於任誰都會不由生出一個層次不高的八卦性狐疑——波特萊爾人呢？他自己到底有沒有用過大麻和鴉片？

　　有個話順帶說說純粹是善意。如今，從百科全書誰都買得到也買得起到網路超聯結按個鍵就有的時代，資料乃至於知識不僅公開而且廉價並繼續朝向免費而去，取代古老經濟學愛說的陽光空氣水這三個有無可替代價值卻沒價格的公共取用東西。我們缺的不再是知識，只是不曉得如何像愛默森所說的把它們從沉睡或說死亡的洞窟裏叫醒過來，過多過廉價的知識像大倉庫般喪失了美感、珍罕感再不復有魅惑力量，人的熱望消失了，我們沒問題要問，不是真的想知道什麼弄清楚什麼，寫書的人只順從某個慣用體例排列它們，看書的人跟著無風無雨走過它們，大家都看似無所不知，實則一起復歸遺忘。

　　勻稱，一如大自然裏只有無機物才完美的均衡對稱，基本上是一種完成品，一種美麗的靜止狀態。人的創造物，通常只有在問題已解答完畢或至少已構不成威脅的悠閒時刻才有餘裕讓它勻稱，像蛋糕師傅完成之後的修飾工作，古埃及

人書寫宗教性神聖文字時，甚至會為了追求文字構圖的均衡之美不惜破壞書寫本身，墊進某個無意義的虛字或拿掉某個該有的字。當問題還在、還催逼著人鼓勇摸索前進時是做不到也顧不得的，百姓有難匍匐救之，姿勢可能還是不雅的獰惡的。我們仿波特萊爾借用德昆西的話來說是，真實的事物，是有稜有角的，有裂紋的。

因此，不是大麻史鴉片史，而是「人造天堂」這個問題。事實上，波特萊爾至少還寫過另一文章（不曉得該說一篇還算兩篇但沒關係），題名為〈葡萄酒與印度大麻〉，副題是「比作於個體性繁衍的手段」，這告訴我們，《人造天堂》這本書是包含於波特萊爾一個更大的詢問之中，是其中大麻和鴉片的部分，有太多東西都對人的感官、人的心靈產生種種程度、性質不一的奇妙作用，由此，我們是否有機會觸及到人感覺、認識、思維、想像的潛能、弧度和其邊界以及限制，並一如這個書名所標示的，天堂是否可能？天堂收取我們什麼代價？如果天堂有捷徑是什麼意思？

在波特萊爾不斷引用的德昆西話語中有這一段：「哲學家花了多少世紀研究幸福的真義，到現在都還眾說紛紜。原來解答竟然就在這裏！這種東西可以用一便士買到，放在上衣的口袋裏帶著走；狂喜的情緒可以裝在一個瓶子裏，寧靜的心可以交給郵車去傳遞！讀者會說我在開他們的玩笑。我承認，開玩笑自我解嘲是我過去在痛苦之中養成的習慣，可

是我要在這裏鄭重的告訴讀者：和鴉片有瓜葛的人不會笑得很長久。甚至連鴉片帶來的欣快感都帶有一點莊嚴沉重的氣氛。吸食鴉片的人即使是處在快樂的顛峰，從外表看起來也不會讓你聯想到輕巧的快板。他的思想和言語都充滿沉穩的行板的氣質。」

　　一如想在這本書得到鴉片和大麻完整知識（其實是歷史、資料和數字）的人會失望；另一種人，對波特萊爾的《惡之華》或《巴黎的憂鬱》等書有點浮泛且想當然耳印象，知道點他放浪生平或者還記得他最終染上梅毒而死云云，期待這是一部酣暢淋漓的魔鬼詩篇，是大麻和鴉片的歡快頌歌，也一樣會失望透頂。這裏，波特萊爾幾乎是嚴肅的，甚至於會被誤解為是保守的，在〈葡萄酒與印度大麻〉文中他說的是：「從來沒有過哪個理智的政府能容忍使用大麻。服用大麻既不能造就戰士，也不能造就公民。因為，人是不能──違者降職或判以智力死刑──搞亂其存在的最初條件和打破其官能與環境間平衡的。如果有哪個政府想使其被統治者墮落，那就只管使用大麻好了。╱有人說，這種物質對身體無任何損害。這一點是真的，起碼至今是如此。因為，我不知道人們到何種程度才能說，一個只會做夢而不能行動的人還是一個身體健康的人，即使其四肢正常。但是，意志受到了侵害，而這則是最珍貴的器官。一位用一角匙醬狀物就可以隨時獲得天地間所有好處的人，將永遠不會想通

過勞動獲得其千分之一。但首要的，是必須活著和勞動。」

而在此同時，波特萊爾對葡萄酒卻是謳歌的，「如果葡萄酒從人類生產中消失，我會認為，它會在這個星球的健康和智力造成一種空洞，一種空缺，一種缺陷──這比人們指責葡萄酒所帶來的行為過分與不規還要可怕。」

這告訴我們什麼？至少先告訴我們失望只是來自於我們閱讀者自身的粗疏不加分辨，我們傾向於把感官的刺激及其種種奇妙作用全看成同一件事，看成「一個」，一如我們往往把酒精、大麻、鴉片（乃至於宗教、音樂或社會主義）全看成毒品一般，遂童稚性的只選擇讚美和反對；但波特萊爾是玩真的，對於一個他這樣子的詩人，感官是他的「國家大事」（借用喜愛他的本雅明之言），人必須去分辨或說不斷的逼進認識因為本來就不同，這裏便有理性容身而且用武之地，而且還非動用到理性不可──我們這麼說，唯有感官的位置尚不明確不穩定，甚至居於理性的壓制統治之下，我們才藉由推倒理性來恢復感官的存在及其完整；像波特萊爾這樣，感官已信心滿滿端坐於王座之上，理性只是服侍它的奴僕，感官可以視自身的需要隨時使用它或罷黜它，除非瘋了，誰有必要沒事把一組好用的工具砸毀、把個能幹的僕人砍頭呢？

用所謂的「興奮」「歡樂」「沮喪」「哀慟」「絕望」等標籤之詞當然是不可能夠用的，這裏，美學問題通常也就是認

識問題，事關認知和述說的準確性。我們看，不管是〈葡萄酒與印度大麻〉一文，或是《人造天堂》這本書，波特萊爾皆藉助音樂家霍夫曼所制定的心理氣壓表開啟話題。波特萊爾說這個氣壓表顯示了人心靈的各種溫度和氣流現象：「略帶諷刺意味和溫和的寬容精神，內心自我滿足的孤獨精神，音樂的快樂，音樂的熱情，音樂的暴風雨，自己也難以忍受的諷刺性快樂，擺脫自我的熱望。過分的客觀性，我的存在與自然的融合。」藉由這一份從音樂下手（亦是人感官的一種「合法」興奮劑刺激物）的感官變化記錄，波特萊爾有意要讓我們看到，這不是一個結果，而是連續性、層次性的一段過程，人的感官不僅因刺激物的不同作用而異，更在時間中流轉變化。波特萊爾更進一步指出，就連這樣的過程也不是固定的、機械作用的，它「只在個人身上揭示個人本身」，意思是說，在一個大致可歸納出來的感官階段性變化框架裏，其具體內容乃至於其高度深度，係源於同時也受限於受刺激者自身的思維、記憶和欲望（這也解釋了波特萊爾為什麼只取德昆西一人的鴉片證詞，「要評斷鴉片的迷人之處，去請教一位牛販子就太可笑了；因為牛販子夢想的只是牛和牧場。然而，我又不需要描述被印度大麻搞得醉醺醺的一位放牧者的沉重夢幻，誰有興趣去讀呢？」），還進一步源於而且受限於當時人所置身的環境和情境，所有當下的圖像、聲音和氣味不僅僅直接參與了這個感官變化，而且就是

鑄成「此次」幻境的基本材料，所以波特萊爾說人在大麻和鴉片裏找不到任何奇蹟性的東西，大麻和鴉片只是予以誇張、擴增和變形。這是「過分自然」的幻境，它「忠於它們的起因」。

事實上，最先起變化的正是這些外部的具體東西，「幻覺開始出現，外部事物都披上了奇形怪狀的外表。它們呈現在你面前的形狀，是你以前所不曾見過的形狀。接著，它們扭曲、變化，最後進入你的自身之中，或者你進入它們裏面。於是便出現了最為古怪的模糊性，最難解釋的觀念轉移。音樂具有了顏色，顏色也具有了音樂。音符成了數字，而且你在音樂縈繞耳際的情況下，以驚人的速度解著非常大的算術題。你坐著吸菸，你以為自己是坐在你的菸斗裏，而且是你的菸斗在吸你；是你以淡藍色雲彩的形式從菸斗中散發出來。」──

從刺激物，到受刺激者的人自身，再到當下的現實，這是個滿滿具體乃至於具象事物的流轉變化過程，還是個「有我」的過程，它無所不在的唯物性和個人性毋寧使它更像一趟旅程，一次無法複製的奇遇和冒險，以至於它帶回來的也只能是一個個故事，甚至一次次故事，也因此只有文學才差堪可以捕捉它並重述它，科學報告的粗疏扁平語言對此既沒有能力也不會有足夠耐心。

波特萊爾自己究竟有沒有真用過大麻和鴉片呢？如果你

問我，我會說一定有，沒理由沒有，但這一點關係也沒有。我真正想說的是我自己閱讀波特萊爾的實際經驗，那些讀波特萊爾《惡之華》或《巴黎的憂鬱》始終感覺不放心、不踏實、不確定，感覺到總有哪個地方進不去、徘徊在囈語和其中惚兮恍兮有物不知如何是好的人，應該繞點路讀他這本《人造天堂》，最好連孿生的〈葡萄酒與印度大麻〉也一併找來看，這不見得是開啟波特萊爾的鑰匙，但卻是重要的拼圖一角，讓這三點構成一平面的知道（或說確定）波特萊爾究竟在想什麼，想這些幹什麼，以及以身試法追躡些什麼證實些什麼；在他放浪形骸的一團火中，你彷彿可看出來其水晶般乾淨、稜角分明井然的核心（借用卡爾維諾火與水晶的對比性譬喻），你也才會同意，何以本雅明會如此鄭重待他，通過他寫出《發達資本主義時代的抒情詩人》這本書來。

大麻的三階段感官變化

一如在歌頌葡萄酒時並不諱言酒精帶來的狼狽狂亂失態（「它經常美化狂妄，或至少美化荒謬行為，而且在超出一定極限時，它使智力能量揮發和分散。」），波特萊爾是耐心而且公正的（耐心其實正是公正的必要條件），他對大麻和鴉片所帶來的感官變化和幻境，捕捉的遠遠比葡萄酒要精緻、深奧而且美麗太多了。這是《人造天堂》書中最精美也最無可匹敵之處，你再難從書海般的其他著作找到，而且你也很

難一次讀過不遺漏。你可以選擇不同意波特萊爾對大麻和鴉片所下的最終判決，但那是稍後才要傷腦筋的事，如果說書籍中有什麼需要人一字一句閱讀並反覆幾次如摩挲一顆寶石，正是這種時候。

波特萊爾說感官變化各異取決於人和當下現實情境，而且大麻和鴉片也不見得次次成功帶來幻境，但大致上仍可分出來三個階段——

首先，人會中了魔般不察覺的被某種古怪而且不可抗拒的快感給抓住給佔據，人開始放鬆，開始對周遭世界生出奇特的親切之感，並開始放大感官反應（傻笑、狂笑、歎息、哭泣云云），如果有伴同行，更容易相互感應相互催促，這種「無精打采的快樂」、這種「欣悅中的病態」，一般而言時間很短，「幾分鐘之後，各種思想關係便變得極為模糊，你的各種概念間的連線極為纖細，以至於只有你的同夥和教友們才能理解你。你的嬉戲，你的笑聲，在任何與你不處於相同狀態中的人看來，似乎就成了愚蠢的頂峰。」

第二階段是幻境開始的時刻，也就是我們前面引述的，所有不會動的都動起來，沒有聲音的發出樂音，沒有色彩的璀璨光華，不連續的貫穿起來還活了過來，邊界消失了，包括你自己，「你甚至與外部存在物混成一體。你成了在風中吼叫和大自然敘述植物旋律的樹。現在，你在無限廣闊的藍色天空中翱翔。沒有了任何痛苦。你也不再掙扎，你聽憑被

捲走，你已不再是你自己的主人，你也不再感到悲傷。不一會兒，時間觀念便完全消失。有時會出現極短的清醒。你覺得你是從一個美妙神奇的世界走來。確實，你保留了你自我觀察的能力，而明天，你就會保留對於你的一些感覺的記憶。但是，這種心理能力，你無法對其加以應用。我看，你未必能切斷一枝羽毛筆或一枝鉛筆；這會是你的力量所不及的工作。」

第三階段，波特萊爾說得極簡極短，有難以言傳之感。「它表現為一種危機的重複，即一種暈眩的醉意之後跟著一種新的苦惱，這一階段無法描述，東方人把它稱為至福；這就是最完美的幸福。這時，已無旋轉和噪亂。這是一種寧靜和靜止的福樂。所有的哲學問題都獲得了解決。所有困難問題──神學家在努力克服的問題和使愛推理的人們氣餒的問題──都是清楚的和明確的。任何矛盾都變成了統一體。人變成了上帝。」

「你身上有一種東西在說話：『你比所有的人都優越，沒有人理解你想到的事情，沒有人理解你現在感到的東西。他們甚至不理解你對他們的深切的愛。但是，不能因此就憎恨他們；應該憐憫他們。無限的幸福與美德呈現在你面前。沒有人能知道你達到了何種程度的美德與智慧。請你生活在你的思想的孤獨之中吧。請你不要折磨人類。』」

這會不會直接讓你想到但丁的《神曲》？從地獄、淨界

盤旋而上最終到達至福的天堂？只除了但丁沒變成上帝，他對貝雅特麗齊的愛讓他謙卑下來，他把這個位置讓給了她，只差一步的停在最高天前面，流著淚看她走入無邊的光明之中。那三行詩，波赫士說是人類最悲傷的詩——

> 我祈求著，而她離得很遠，
> 彷彿在微笑，又朝我看了一眼
> 然後轉過臉，走向永恆的源泉。

在這樣三階段的感官變化框架裏，波特萊爾精微的察覺到，還是有些東西、有些感覺幾乎是共有的，如同幻境的不變元素。

其一正是光，光線光亮或光明，原本不發光的東西（人、動物、樹枝樹葉云云）煥發光芒，更何況太陽月亮這樣日月光華旦復旦兮的發光體，那是兩倍甚至相乘的光亮。書中，波特萊爾通過一位「文人」（詭異的不加介紹，可合理懷疑就是他自己）之口說：「你知道，印度大麻總是乞靈於光線的五彩繽紛、耀眼奪目和流金的飛瀑；任何光線對它來講都是好的，流曳如帘的光、形如棲在釘狀物和粗糙表面上的彩蝶的光、沙龍裏的枝形大燭台、聖母月裏的大燭台、太陽落山時大片大片的玫瑰色。這種淒涼的光彩，對於這種難以滿足的對光明的渴求，似乎放射出一種足夠的光亮；正

如我對你說過的那樣，我認為自己走進了一個：黑暗世界，
它在我夢想著極致和永恆冬天的時候正逐漸的變得濃厚起
來。」

　　還有是水。「水具有一種可怕的美。流動的水，噴射的
水，和諧的瀑布，無限蔚藍的大海，它們都在你的精神深處
流動、入睡和歌唱。」尤其當它伴隨著大麻所帶來的必然飢
渴之感（既是食物的也是精神的），水會呈現出某種鏡子似
的夢幻誘惑，「水在鋪展，就像一位真正的女巫，而且，儘
管我不相信印度大麻帶來的可怕的瘋狂勁兒，我還是不敢斷
言，凝視一滴透明的水對於熱愛空氣和晶體的精神來講完全
沒有危險，我也不敢斷言，有關水神的古老寓言對於熱情滿
懷的人不會真變成一種悲劇的現實。」

　　還有時間。在所有失去邊界的事物之中，時間的奇異變
化幾乎是最強烈也最基本的，「幸運的是，這種一個勁兒的
想像只持續一分鐘，因為一段清醒時間——這要付出很大的
努力——使你得以審視一下掛鐘。然而，一股新的念頭又把
你帶走了；一會兒，這股念頭把你捲入充滿活力的漩渦之
中，一會兒將是另一種永恆。因為，時間與存在的比例被無
數強烈的感覺與念頭打亂了。人在一個小時期間似乎度過著
幾個人的生命。」

　　以及人自身感官能力的變化，或直接講人感官能力的開
發、增強和生長，正是這部分的改變，使得大麻鴉片這些麻

醉物興奮劑得到一種實用性功利性的藉口，得到一種人理解自身更優越可能的使用理由。在迷醉的狀態中，空間距離的遠近一樣失去了邊界，「我不僅清楚的看到了他們裝束的最微小的細節，例如布上的花紋、縫紉線腳、釦子等，而且也看清了假額與真額、與白色、藍色和紅色以及與所有化妝相區別的區分線。而這些小人都披著一種寒冷而又神祕的光亮，就像一面非常乾淨的玻璃窗補充到一幅油畫中的那種光亮。」「嗅覺、視覺、聽覺和觸覺也參加這種進展。而眼盯著無限。耳朵在一大片噪雜聲中捕捉著難以察覺到的樂音。」而對應著如此精緻的感官能力，卻不是個靜態的畫面，而是個動起來、活過來的世界，不論活物死物、生物非生物，「全部存在物都以至此未被懷疑的新的榮光站立在你的面前。」波特萊爾指出，即使你眼前只是一本攤開的文字之書，語法，枯燥乏味的語法本身也變成某種類似召魂術的東西；詞語皆披戴著血肉之軀復活過來，名詞有了威嚴的物質實體，形容詞成了遮飾名詞和賦予名詞以色彩的透明外衣，而動詞則是動作的天使，是它在推動著句子。最終，如愛倫坡說的，「在一張紙的顫動之中，在一株草的顏色之中，在三葉草的形式之中，在一隻蜜蜂的嗡嗡聲中，在一滴露水的閃光之中，在風的歎息之中，在森林飄曳的薰香之中——產生了整個一種靈感世界，即一長串美妙斑斕的雜亂而狂妄的思想。」

這是什麼？這不只是我們帶著隱喻意味、通常用來讚譽某個能工巧匠或詩人文學家的所謂喚醒萬事萬物的靈魂而已，這是活生生的、而且還進行中的一個萬物俱靈世界，在光華之中，在奔流卻又如鏡冷冽的水中，在時間的無盡飛旋和永恆靜止之中——人還能再怎樣去想像一個天堂？

神聖香氣

「我觀看，見狂風從北方颳來，隨著有一朵包括閃爍火的大雲，周圍有光輝，從其中的火內發出好像光耀的精金，又從其中顯出四個活物的形像來。他們的形狀是這樣：有人的形像，各有四個臉面，四個翅膀。他們的腿是直的，腳掌好像牛犢之蹄，都燦爛如光明的銅。在四面翅膀以下有人的手。這四個活物的臉和翅膀乃是這樣：翅膀彼此相接，行走並不轉身，俱各直往前行。至於臉的形像，前面各有人的臉，右面各有獅子的臉，左面各有牛的臉，後面各有鷹的臉。……我正觀看活物的時候，見活物的臉旁，各有一輪在地上。輪的形狀和顏色好像水蒼玉。四輪都是一個樣式，形狀和做法好像輪中套輪。……至於輪輞，高而可畏，四個輪輞周圍滿有眼睛。……靈往哪裏去，活物就往哪裏去……因為活物的靈在輪中。活物的頭以上有穹蒼的形像，看著像可畏的水晶，……我聽見翅膀的響聲，像大水的聲音，像全能者的聲音，也像軍隊哄嚷的聲音。……在他們頭以上的穹蒼

之上有寶座的形像，彷彿藍寶石，在寶座形像以上有彷彿人的形狀。我見從他腰以上有彷彿光耀的精舍，周圍都有火的形狀；又見從他腰以下有彷彿火的形狀，周圍也有光輝。下雨的日子，雲中虹的形狀怎樣，周圍光輝的形狀也是這樣。這就是耶和華榮耀的形像。我一看見就俯伏在地，又聽見一位說話的聲音。他對我說：『人子啊，你站起來，我要和你說話。』」

　　這是《聖經》的〈以西結書〉，《聖經》裏一段重要的飛天記錄。這次神蹟或說這次幻境，幾乎成了往後基督教天堂的基礎版本，也就是說，從此這趟旅程有了大致的相同路線，相同的交通工具，相同的景點，以及相同的旅店主人及其僕從。比方說《聖經》的壓卷之作，也是最重要的末日預言之書，亦即約翰的〈啟示錄〉，便殆無疑義的在以西結的天國圖像上添加塗寫。由此，在基督教取得歐洲統治權的漫長中世紀以降，它不僅被傳述、被反覆改寫，還被二維的畫出來和三維的雕刻出來。

　　也因此才有了日後但丁的《神曲》——當然但丁本人應該沒進入這種幻境（波赫士以為「幻覺持續不了這麼長」），要有也只是他詩人的職業性幻境以及他徘徊不去的愛情幻境。

　　一如波特萊爾再三指出的，以西結的幻境版本仍受限於彼時仍屬沙漠民族以色列人集體貧乏的實物記憶和貧乏的眼

前景觀，以及貧乏的欲望和想像力，乃至於以西結自己的描述能耐云云。真正好的版本是什麼？我個人以為是《楚辭》裏祭祀降靈的〈九歌〉，這極可能是人類到此為止最美麗最優雅也最專注心無旁騖的宗教幻境詩篇，像「吉日兮辰良，穆將愉兮上皇。撫長劍兮玉珥，璆鏘鳴兮琳琅。瑤席兮玉瑱，盍將把兮瓊芳。蕙肴蒸兮蘭藉，奠桂酒兮椒漿。」（〈東皇太一〉）或「浴蘭湯兮沐芳，華采衣兮若英。靈連蜷兮既留，爛昭昭兮未央。騫將憺兮壽宮，與日月兮齊光。龍駕兮帝服，聊翱遊兮周章。靈皇皇兮既降，猋遠舉兮雲中。覽冀州兮有餘，橫四海兮焉窮，思夫君兮太息，極勞心兮。」（〈雲中君〉）或「廣開兮天門，紛吾乘兮玄雲，令飄風兮先驅，使凍雨兮洒塵，君迴翔兮以下，踰空桑兮從女。」（〈大司命〉）

即便相隔三千年物非人非，連文字語言都已構成障礙，我們今天用素樸不求甚解的眼睛仍看得出其迴旋飛翔的姿態，仍看得出或耀眼或柔美的萬物光華，仍聽得出水聲（尤其如果你還讀〈湘夫人〉和〈湘君〉）和琳琅鏗鏘的珠玉樂音；還有最重要的，一片香氣，各種植物發散出、蒸騰出、浸泡出、焚燒出的醉人香氣。這香氣極可能不僅僅是幻境的產物，而是幻境之因，幻境的開啟者。

我們知道，並不是只有大麻等特定的植物才發散出氣味，更不是只有大麻等特定植物的氣味才刺激人的感官引起

變化。講到這裏誰都很容易想到徐四金的那部奇書《香水》，尤其是小說中那位鬼之香水師葛奴乙技藝起飛、整個故事也跟著起飛如同進入迷離幻境那一刻。他配出一種不會引人注意的尋常味道，「好像一件鼠灰色的香水外套般」，讓他能夠從容舒適的走入人群，讓別人對他視而不見；當他要讓人產生深刻印象，要讓人以為他很趕、有急事在身時，他則使用一種濃郁的、帶點汗味的、「嗅覺上顯得有稜有角」的香水；他還有一種激發人們同情心的香水，帶著「稀稀的奶味和乾淨的軟木材味」，有種無辜的氣息，尤其能攪動婦女和老太婆深藏內心的母性，以至於那些女菜販、女肉販會把核桃、乾酪梨或肉塞給他；葛奴乙還有一種帶著微微作嘔臭味的香水，當他需要獨處時，這個氣味會幫他逼退所有人，就像野獸用氣味逼退窺視的同類。「在這些不同氣味的保護之下，他每次都根據不同的外在需要而變換不同的味道，就像換衣服一樣。更重要的就是要能夠在人類的世界中不受干擾，也不會讓人窺探到他的異常秉性，這樣葛奴乙才能專心致志的獻身於真正能夠讓他產生激情的目標：成為追逐香氣的機靈獵人。」──緊接著，他發展向無生命物質的氣味，石頭、金屬、玻璃、木材、鹽巴、水和空氣。如果他能弄到上萬個門把，他還能夠萃取出一小滴黃銅氣味的香精，讓人不由自主的產生原始物體的幻覺；他還結合各種氣味，拼合出一幅方濟各會修道院後面葡萄園的嗅覺縮影，可

以裝在一個小玻璃瓶裏帶著走,並隨時召喚它讓它復活。(記不記得德昆西所說「放在上衣口袋裏帶著走」可以裝在一個瓶子裏?徐四金和德昆西幾乎用了完全一樣的字句不是嗎?)再下來,葛奴乙的目標便轉向動物了,他從宰殺一隻小狗開始——

這裏,我們先做個U-turn,不跟著葛奴乙往香氣的天國走去,而是掉頭回人生現實來。這是朱天心也充滿各種氣味的精妙小說〈匈牙利之水〉,兩個素不相識的疲憊中年男子因為香茅油的氣味湊在一起,由此,他們藉助各種氣味,先是重新取回各自二十年三十年再沒想起的熟悉記憶(細節的、充滿實物的),然後是找回根本不記得有過的、沉埋不見天日的往事,最終徘徊在記憶和幻境的交壤曖昧之地。(「到底,我們殺了人沒?」孫家七兄弟姊妹中失蹤被鬼抓走的孫囡囡?浮出大漢溪、雞巴耳朵都沒了的盼盼她哥哥?單身掏垃圾的老士官ㄅㄟˇㄅㄟˊ?公廁旁出沒的流浪漢?)和《香水》中葛奴乙的感官直線操控、要它出來什麼就什麼不同,〈匈牙利之水〉的氣味是歧路的、流竄的、發現的,一步步尋路向前同時也會迷失飄散,人隨著它如同劈斬著荒煙蔓草舉步維艱而行,有痛楚如草芒割出血痕卻也是深情款款的。兩個人最後落坐在濃郁咖哩味妹妹的咖啡館裏,靜靜等著他們登報廣告徵求、要叫回法國小女友(已忘了長相)重現的那瓶j'aiose如同等死;而在最後這一刻到來以前,他

們遊戲的約定每天各自準備三樣東西,互為唐吉訶德和桑丘‧潘札的在無限大的感官／記憶土地上幸福無所事事的冒險旅行,小學生寫毛筆字的墨條,一晚清水浸泡的夜合花,薑科的辛怪月桃葉子,疲憊辦公室的傳真紙,苦楝樹樹子⋯⋯,從實物到實體的、有名字有長相表情的故事,氣味一瞬卻自始至終不離開如時光停駐於此,它成為聯綴的偶然之橋,成為星與星之間帶來神話好裝存記憶的虛線,它成為借來的晚風,讓人呼吸著它可以地老天荒安心等待下去。

那顆又硬又小的苦楝樹子,Ａ「反正是某種植物」的對它毫無記憶,但對於「我」卻完全不然,堅硬外皮所保護住的青澀氣味裏,是他祕藏著的、至此還不肯示人的盼望,一個不見不散的盟誓。

不往天國去而回人間來,我們知道,很長一段時間,諸如大麻或鴉片並未被人分離出來,而且一直要到這一兩百年的近代才被法律性的視為毒品。也就是說,它們都只是〈九歌〉裏琳琅芬芳香氣的其中一種,人們在漫長的、日復一日的生活中無意發現它,就像波特萊爾說的,男女農人在收割麻類植物時一再感覺到自己身體的奇妙變化,或他兒時在苜蓿堆裏玩耍打滾時感覺到的迷醉現象;甚至不是人自己,而是通過其他動物察覺的,像中東的羊群找到咖啡,中國北方的疲憊牧馬找到刺五加,還有據說酒也來自猴子,這個貪心積存水果的傢伙,山中的牧人獵人偶爾會瞧見牠搖搖晃晃的

居然用後腳走起路來。

氣味自始至終遍在，這意思是說，重點原不在氣味，而在於人自身的特殊感官變化。這波特萊爾也提到，其實各式各樣或愉悅或驚異的感官變化是人自有的，每一種人都可以不假外物的「自製」，包括有來由的和沒來由的，包括清醒時和睡夢中。然而生之艱難，煩憂不如意之事如李太白詩感慨的隨身不去，人們總忍不住想回去、想召喚、甚至想複製某個自己曾置身其中忘返的美妙情境，守株待兔的等待它自己偶爾造訪顯然是令人不耐的。一如李太白講這些話時你曉得他又要找酒醉酒了，因此，對各種氣味的分別、認識、找尋並提存使用，意味著人得到了某種捷徑，所以勞動的人會歇坐下來抽一管菸，讓自己進入到某種和平安穩的心緒之中；烹煮晚餐的人會在食物中添加各種香料，從尋常的蔥蒜生薑辣椒到歌詞裏講的「鼠尾草、百里香、迷迭香和荷蘭芹」再到昂貴稀有的番紅花（最早是染色用的）或松露（和番紅花一樣，據稱都有提振生猛元氣的效果），以便讓一天收場的一餐更愉悅；招蜂引蝶的男女噴洒香水改變自己的身體氣味；喝酒的人尋求鬆弛、遺忘或狂歡；祭祀、禱告、冥思的人焚香把自己包圍起來，並藉助香氣的長梯攀爬而上，希冀自己上達某個更高更寧靜之境。種種種種，都是人們一直在做而且直到此時此刻仍每天做著的事。

所以安博托・艾可《玫瑰的名字》小說裏修道院爆發毒

藥殺人案件，年輕虔敬的艾森驚惶的問，我們仁慈萬能的主為什麼創造出這麼多可怕的毒物，他那位博識多聞如狐狸的老師告訴他，「每一種都是珍稀的良藥啊！」——包括直接意義的良藥，也包括精神層面、棄絕某一部分當下不愉快乃至於苦厄的斯多噶式良藥。

當人們確認氣味的捷徑功能，並逐步分辨出、掌握住哪些特定的氣味可以預約般讓特定的感官發生特定的變化，既然可改變自己也一定可以改變他人，這些氣味，或說可以產生這些特定香氣的東西便獨立性的工具化了，成為威廉修士廣義理解的珍稀良藥，也呈現了日後成為毒物和操控工具的不祥；當現實的不舒服不愉快，包括身體的以及精神的，需要遺忘得、棄絕得更多，藥的量得下更重，質的挑揀也得更特定更精純，如此光譜延伸到某個臨界點，現實已索多瑪蛾摩拉般無一物值得存留，再無一義人要保護要眷顧，人最好能逃離多遠是多遠，醫藥和宗教便逐漸疊合為一個，最終極之處，便是宗教天國的尋求和發明。

嚴格來講，我們今天視之為連體嬰、「光明／黑暗」「賞／罰」的天堂和地獄，其實並非同一時間想到你就一定想到我一起創造出來的，事實上，就連它們的發明概念以及人的心理基礎都是有差異的。天堂原來的對立面不是地獄而是現實世界，不是獎賞之物而是移民國，它是感官的直接產物；地獄則有較多的概念性成分，來自於人對終極主義的補

償需求，通常得等到宗教的道德系統建構成形，因此發明的時間總是較晚，甚至不發明，只讓亡者維持在某種黯黑的、冰冷的、遺忘的、沉睡的而不附帶懲罰的模糊狀態，受苦的是生者而不是亡靈。比方中國，人們已飛了幾萬年幾十萬年的天，包括人身自己（學會了）飛起來衣袂飄飄，包括懂得（或製成）了搭乘各種交通工具如乘龍乘鳳乘鶴，也有辛苦些一步步踩著天梯拾級而上云云，一直要等到佛教傳入才捷運開挖般建造起這個地底十層王國。基督教一直到整部《聖經》編輯完工為止，這個可怖的地底牢獄始終不明確，壓卷的〈啟示錄〉所預言的各種懲罰仍來自天上，跟著五名天使的吹號聲音擊打下來，如早年挪亞的天降洪水，如埃及十災和天火焚城；也就是說，到此為止基督教世界的司法暨獄政系統仍未獨立運作，仍在掌權者一人手中，就像當前的台灣一樣。

　　從如此「宗教／醫藥」的角度來看，如我們前引〈以西結書〉那樣，基督教的天上王國，在先知書的此一歷史階段逐步浮現並有了細節、實物和基本造型，可能並非偶然。之前，如摩西和耶和華的多次會面密謀，摩西最多也只能爬到海拔有限的西奈山頭，每次都得勞煩大神自己下來，也就是說，基督教的航空時代尚未到來。先知書的階段，大致是以色列亡國的「巴比倫之囚」階段，這至少有兩個層面的新歷史意義，一是王國傾毀的苦厄和絕望（比之前流浪沙漠的受

苦多了精神性、信念性的折磨和虛無），另一則是基督教文明化的起點，開始學到了近東、希臘、印度等思想方式和成果，也才算真的見識到從建物到各種藝術成品、工匠成品、生活什物可以宏大精緻到何種地步，還有，如果我們攤出地圖來看，這裏繁茂生長著而且還大量輸入匯集著以色列人聽都沒聽過的各種植物礦物，瀰漫著以色列人聞都沒聞過的各種氣味。

像萊特兄弟、以西結等一干先知在如斯狀況下開始飛起來。

這裏，我們無意指控這些High起來的先知都是嗑藥者、吸毒者。我們說過各種奇妙到狂亂的感官變化人都可以自製，也有各種無意到有意的催生方式，包括睡夢，包括像這些先知的長年曠野獨居隔離胡思亂想，包括各種苦行如我們在人類學報告所看的那些禁食、鞭笞、針刺、火烤、水淹、性愛、歌詠吶喊哭號等千奇百怪到嚇死人的方式，以及最終極也是最根本的，如馬克思所說（請去除它的鄙夷批判味成為心平氣和的描述）宗教自身就是鴉片。但恰恰因為重點在於尋求各種奇妙的感官幻境，尋求人和神的交通會面（不管你去或祂來，不管地上或天國，天堂不過是一處固定場域以確保人神的交會頻繁、無礙並久長），這個神聖過一切的崇高目標使得所有可能的手段都功能性的正當化了。如果說自殘到立即喪命（包括自己的和別人的）都不構成問

題，你以為會長期緩緩導致不孕、肺癌或老年癡呆乃至於提高愛滋感染機率會阻止他們嗎？如果發現有更新更快的通往天國捷徑可走，你以為他們會舍此不由嗎？退一步說就算不幸當場中毒掛點，不也代表天國以國賓級方式接待、快速通關並一次移民就辦理完成嗎？

因此，沒有毒品，只有神聖藥物；也沒有毒梟藥頭，只有天賦異稟（某種先天後天精神問題如癲癇）、對各種藥物各種香氣知之甚詳並獨佔此類知識如掌握通往天國之路的聖者先知——大麻也好，鴉片也好，它們或者其前身原來都隸屬於此一神聖家族，而且還是其中較秀異較靈敏者，也因此，一直到今天它們仍在黑街小混混的不堪外表之下，依稀保有著某種高貴感。

當然，基督教（那會兒還不叫這個，應該稱之為以色列人的部族信仰）並非到此「巴比倫之囚」時期方與香氣同在，這只是一次巨大的、飛躍式的升級；之前他們不是不知，只是懂得不多，能到手的也不多，因為受限於他們生存地點的貧乏不毛和生存方式的簡陋。同樣的道理也解釋了他們古怪的、「早出」的一神信仰，那其實並不同於日後柏拉圖式諸善歸一的概念性一神，毋庸比較接近某種無山無水、眼前光禿禿沙漠一片的貧乏泛靈信仰，再加上長達數十年上百年的部族戰鬥動員和編組，讓他們戒嚴式的把一切全交給了能幫他們打勝仗的戰神模樣的憤怒耶和華。此一一神為表

泛靈其實的信仰一直搖搖晃晃，尤其到所羅門王時期（亦即暫無戰鬥生存威脅，人們解嚴般開始尋求較豐碩較完整的生活方式），此種壓抑的、寂寞的一神框架和人們完整生活所需的泛靈撫慰其緊張關係更到達高峰。〈以西結書〉乃至於同期其他先知書，通過如此幻境、如此有實體細節、有活物的天堂建構巧妙的復活了泛靈，或以天使或以神之分身云云的語焉不詳方式安裝在這個尚未有穩固哲學基礎的一神框架之中，以色列人對基抹、對巴力、對部族信仰之外遍在神靈的求助和嚮往也大致到此告一段落。這個有色澤有情節開始動起來的天堂，不管係來自於這一干先知的狂亂人體自製、某種物理性方式刺激，或更高效率的乞助於新的藥物新的香氣，我們看它的內容和表現方式，和波特萊爾所傳述（比方說那位服用了大麻、在老式古堡四壁圖畫雕刻房間裏冒險旅行一夜的法國女子）的生動幻境，一致到令人不禁心生蹊蹺，就像偵探推理小說常說的，你相信這一切只是巧合嗎？

香氣、藥物、找尋它焚燒它的祭司／巫覡／醫藥者、降靈與昇天、樂土與天堂CD我們這裏只取最抵禦它、最含糊其詞的基督教信仰來談。一如我們所引述的《楚辭‧九歌》降靈和飛天的美麗歌詠和其醉態盎然迷離幻境，在其他崇拜信仰系統，尤其是亞洲豐美山川日月而且鬱鬱蔥蔥生長著各種醉人香氣植物的薩滿巫崇拜信仰系統裏（因為溫度、雨量和文明開發種種緣故，請記得把今天的自然生態往北推，亦

即幾千年幾萬年前長江流域的自然景觀可能比較接近今天香料滿地的南亞，以此類推彼時有大象有犀牛而且草木扶疏如《詩經》所記錄的華北則大抵是今天長江流域的狀態），我們會看到更淋漓更狂醉的演出。尋找並分辨各種帶來奇妙感官變化的植物（最多是植物）、研製成焚燒或吸食服用形式（最常見是方便存留攜帶並點燃使用的線香形式），在香氣裊繞圍擁的祭祀中帶來神的話語和指示（波特萊爾指出，進入幻境的人們彼此有一種微妙且緊密親愛的聯繫），一直是其崇拜信仰最經常也最重要的大事。也由此，巫者、醫者和智者三位一體的被聯繫了起來。

一直到今天這還是普遍的，尤其是泛靈的民間崇拜信仰裏。重要的是神說了什麼，理論上並沒有人置喙的餘地，人能做的只是接聽、傳達、翻譯並帶點僭越意味的解釋這些神聖訊息而已，包括下一期大樂透的六組號碼。說起來，就連今天基督教的崇拜儀式都還如是，晚出、發生於人逐漸取代神歷史時刻的新教，其禮拜形式較素樸的以牧師證道亦即人的解釋為主體（姑不論如真耶穌教會云云那種集體哭號狂醉的方式），但我們看天主舊教的彌撒，神父的任務不是說話而是主持引領，崇拜的主要內容是管風琴（或其替代品）莊嚴凜冽直通上天的聲音，是詩班如天使清亮的歌聲，是參與信眾不斷交替進行的起身經文吟詠和低頭默禱冥思進入狀態。這一切又都隔離於天主教控制聲音也控制光線的崇隆教

堂裏迴盪交流（現在知道天主教的教堂為什麼這麼重要這麼講究了吧，它不只是個聚會場地而已），配合彩繪玻璃折出的異樣光華，配合牆上的神聖圖畫和浮雕，眼前則是大於人且高懸於人的受難耶穌和悲慟聖母造像，種種種種。幻境，或說聖靈降靈充滿所需要的基本元素，比對一下波特萊爾，差不多全到齊了不是嗎？

有關藥物、香氣和崇拜信仰的更深刻更廣泛聯繫及具體應用，我們留給小說家阿城來說——這是阿城這些年來極認真追索、搜集、思考的一個大題目。阿城最特殊的是他對廣大庶民生活具體細節及其心理的理解掌握，由此，經文、歌謠、文學文本、傳說和歷史史料對他都不只是文字而已，都能栩栩如生的一一還原回來。但比較少為人知的是，阿城細木工的工匠技藝，阿城對古文物鑑定師級的造詣，還有阿城的音樂素養（透露一下，阿城旅居美國時曾教授比賽級的鋼琴學生維生）。這回，他從古器物（彩陶、青銅）的最原初美學造型表現和聲音、音樂的奇妙結合處下手細說從頭，精采無比，我個人有幸聽講了一些，不敢掠美轉述，我們且耐心等他自己滿意了寫出來，好東西總需要時間的，這極可能是另一部《人造天堂》般的奇書。

消失中的夢境與清醒交壤之地

瘋美國大聯盟棒球的人都知道，2007這個球季真正的

歷史一刻，其實是舊金山巨人的貝瑞・邦斯即將擊破漢克・艾倫生涯755支全壘打紀錄，但邦斯服用禁藥的風波未平，使得這個已可預約的光輝日子轉黯，很多人傾向於相信這個新紀錄不光明不算數，就像邦斯擊破貝比・魯斯714支全壘打紀錄時觀眾席上有白人球迷高舉的標語——貝比・魯斯可是靠著啤酒和熱狗打這些全壘打的！

　　稍早，率先改寫馬里斯單季61支全壘打紀錄的馬奎爾也面對了禁藥調查，彼時正值生涯高峰、和馬奎爾並轡追逐的山米・索沙也一併列入調查。其結果是，馬奎爾服用類固醇這種美國仙丹，有事；索沙只服用人參這種中國古仙丹，沒事。

　　我們問個傻問題，為什麼類固醇不可以而酒精和人參可以？是純粹因為人工化學藥物和自然物之別嗎？還是有損健康和有助健康這種溫暖人道考量？還是效用狂風暴雨般速成和細雨和風般緩緩而來真的不同？我們冥冥中感覺出某種界線、某種天差地別，但真的很難說清楚。

　　我們幾乎馬上會想到，大麻和鴉片都是只簡單加工調理的自然物、生機類食物藥物，從生理性器官性健康來說比香菸和酒更沒事，甚至沒尼古丁和酒精會有生理性上癮現象；還有，大麻和鴉片的某種莊嚴、寧靜、遼遠的迷醉幻境，也遠比發酒瘋的人要安全、要不傷害他人不是嗎？

　　就算對服用者自身有所傷害，這會是全部理由嗎？我的

意思是，人多少總是在冒險的，比方說我們男女結合結婚這件事，便亙古長新的冒著多少害人害己的風險不是？好，不要虛無不要犬儒嘲諷，要莊重的說，我們總允許、希冀乃至於誘發某些有特殊心志特殊能力的人扮演某種社會的探針，有些意義深遠會帶回來珍稀的發現成果，有些很無聊只能顯示人的勇氣意志和某種熱望不死，所以我們讓人冒著化為流星的危險進入星際太空，我們看人以各種路徑各種更困難方式攀爬珠穆朗瑪峰，我們放著小說家詩人長時間的焦慮、夜不成眠、承受各種精神的心志的乃至於物質的壓力和折騰，我們通常把犧牲描述為某種高貴無私的行為，也會在事後尤其是他們死後賦予榮光補償他們並順便砥礪來者繼續這樣。我們也許自己理性的不做這樣的事，但我們正確的察覺我們不能沒有這樣的人，為我們衝決限制、擴展視野，好讓我們保有想像和夢，並讓「無限」這個古怪有爭議性的字詞得以持續存在——事實上，這也正是《人造天堂》此書的第一個標題：「對無限的追求」。

根柢的來說，這正是千年萬年來那些尋求、試用各種改變人類感官神奇藥物和香氣的宗教智者和聖人所做的事，上帝也好天堂也好，不過是諸如我們人自身、我們生存之地、我們的欲求和嚮往、我們「自然的夢」的某種無限化的擴張、誇大（波赫士的用詞）和變形異化罷了。而正如波特萊爾一而再再而三指出的，大麻鴉片云云的真正能耐，正在於

這樣快速且栩栩如生的擴張、誇大和變形（「確實只不過是藉助於色彩的強化和構想的快速變化而形成的一種大夢；但是，醉意將永遠保持個人的特殊色調。」）；因此，在宗教式微，收縮其疆界和任務，把冒險、探知、發現的任務交給科學和文學之後，大麻和鴉片並未完全失去其誘惑性魅力，我們對它們仍有曖昧的想像和期盼，它們仍和這些發現性、創作性領域和某一小部分奇才異能之士掛在一起，我們在法律和道德的森嚴面貌底下，還是有一小塊灰色性的遲疑，一點點欲言又止的放任和寬容。

只是，就像我們懷疑貝瑞‧邦斯藉助神奇藥物打出的全壘打紀錄並不真實一樣，藉助大麻和鴉片所帶來的感官變化有效嗎？我們在那個世界所看到、所經歷的種種，有沒有機會運送回來？那些奇妙的訊息能不能「翻譯」成可理解的、有意義的人間語言，除了像〈以西結書〉那樣純宗教性的彼岸神諭，以及某種末世的、末期癌症式的止痛慰藉之外？

波特萊爾事實上是問到了這個頗關鍵的問題，他的回答，如果我沒讀錯的話，也合情合理的猶豫難言，但大致上，他傾向於說「不」。

對不乏睡覺做夢經驗但少有大麻鴉片醉態經歷的絕大部分良善公民讀者來說，我們可嘗試著自問，我們幾十年來夜夜出入的不計其數夢境，除了少部分被我們如是我聞的整塊搬來記在日記中，或一五一十通過書信或談話告訴某人（一

種煩人不禮貌的惡習）之外，它們都哪裏去了？它們通常在不乏某種感慨的情況下或說只存留「我做了一個夢」的感慨心緒下，在你睜開眼那短短時間內就蒸發於天光之中了；或者，非常多次的，我們的經歷如同書中那位古堡一夜法國女士醉態經歷的逆轉和還原，在大麻的神奇作用中，眼前平凡、庸俗、拙劣的畫像和雕刻都降靈般取得生命、煥發著光華成為絕美。而我們夢醒之後，夢中神奇的靈氣和光華盡去，就算你即時的回想、捕捉、記得所有情節，通常只剩一個平凡、庸俗、拙劣的框架（這正是不輕易以夢示人之所以成為人必要教養的原因），是的，很像詩人梅特靈克的青鳥，這隻帶來幸福的鳥兒無法在天光下存活（正確來說只有一隻能夠，保留希望），不僅死去，而且變得難看，它立即喪失的正是它神祕美麗的青色光華而只留一具乏味的黑色鳥屍。我個人從來就相信，梅特靈克的《青鳥》一書感慨繫之的正是這樣遍在的做夢經驗，梅特靈克那種永遠帶著月光的、朦朧的、泛靈的幸福天堂，其實正是人的沉睡夢境。

所以波特萊爾下了個頗重頗狠的標題記敘這些大麻幻境：「通俗皮影戲和木偶戲」；在談德昆西的鴉片時，他留了情，說的是：「多麼可怕的情況！思緒翩翩，卻又不能跨越把夢中想像的農村和行動的實際收穫分開的橋樑！」

不是不知道，偶爾某些夢的幻境，或幻境裏的某一物、某一部分，就像那隻唯一的青鳥或僅僅是一根青色光輝羽

毛，會輾轉經由某個奇特的心靈，通過某一道奇特技藝打造的斷續小徑，得以恍兮惚兮的進入到朗朗天光世界來。我說的當然不是佛洛伊德，他只是個把這些夢境視為病徵的執業醫生而已，和耳鳴、胸口鬱悶云云沒太大兩樣，而當他不幹醫生時，他正是把青鳥悉數化為黑鳥屍體的人；還有，愈到晚年愈如此，他毋庸更像是個深陷在自己自製幻境中沒出來、以西結那樣的狂亂先知，或更古老的，某個泛靈崇拜神祕團體的巫者。

　　我所說的這些奇特心靈、這些偶爾出現的奇特小徑通常只能是文學，因為這種幻境天堂，除了避世宗教的、斯多噶式的明白大意義之外，其真正的神奇之處是具體的、細節的、色澤光彩和溫度的，如此的實體捕捉傳輸工作，在人類的思維世界中，大抵只有文學肯做而且能做這樣的苦力搬運勞動。像但丁《神曲》的輾轉完成（亦即使用前人的幻境為詩的材料），像莊子「莊周／蝴蝶」的夢境傳送云云。更直接更完整的則是柯立芝寫的〈忽必烈汗〉一詩，據柯立芝自己說，那是1797年他在埃克斯穆一個農莊的夏日之夢，臨睡前他讀了篇珀切斯的遊記，其中提到元世祖忽必烈修建宮殿的事，夢中，他直接看到一系列形像，而且寫成了一首三百多行的長詩。怪的是，醒來之後他的記憶出奇得清晰，可以一句一字的抄錄下來，但要命的是一位不速之客這時打斷了他的工作，遂驅趕走這個夢境和清醒的奇妙交壤時間，他

再回憶不起其餘的詩句了,「我相當驚駭的發覺,我只是模模糊糊記得大概的情景。除了八九行零散的詩句之外,其餘的通通消失,彷彿水平如鏡的河面被一塊石頭打碎,它反映的景象怎麼也恢復不了原狀。」

我是從波赫士一篇名為〈柯立芝的夢〉間接讀到這個故事,有趣的是,它的前一篇是〈柯立芝的花〉,引用的不是真的夢境,而是柯立芝藉助夢境的一個精采異想:「如果一個人在睡夢中穿越天堂,別人給了他一朵花做為他到過那裏的證明,而他醒來時發現那花在他手中……那麼,會怎麼樣呢?」而這也正是威爾斯的幻想小說《時間機器》,小說中的主人翁去了一趟未來,但不是天堂,而是分裂成相互仇恨物種的人類世界,歸來時他滿身埃塵,兩鬢蒼蒼,形容憔悴疲憊如上天入地之後的屈原,但他手中仍握著那朵從未來帶回的已經凋謝了的花——

我們是否可以嘗試這麼想並這麼說?夢境世界,乃至於醉意更深的藥物幻境世界,再不存在動與靜的界線,生物無生物的界線,時間空間的素樸界線,事物個體的界線,乃至生命和死亡的界線云云,這樣全然的混沌,既是人無法思索甚至無能有效感受的無限,亦是人尚未存在的原始,人藉由自己最遼遠也最精細的想像,彷彿可堪堪觸及它,卻也一次一次的滑開來陷入迷茫,一種力竭的、懊惱的迷茫。我們的世界,是個分了類、編了碼的世界,或說從分類編碼後才開

始的世界，就像《聖經‧創世紀》，之前空虛混沌，我們無
話可說也無法說它，得把光與暗分開，天與地分開，日月星
辰分開，生物活物分開，然後人才出現並且生存。我們對數
以億計的夢境一次又一次的完全遺忘，不是沒發生，事實上
它幾乎每二十四小時內一定發生（科學家告訴我們，人甚至
不知道自己做了夢），而是我們的記憶無法安置它存放它。
我們的記憶仍是分類的、編碼的，於是我們並非百分之百的
遺忘，我們可以收存一小部分，索然無味奄奄一息那部分，
一種沒什麼內容的框架，也正因為這樣，我們知道夢境曾經
來過，我們也知道了自己的遺忘，有一種刻舟求劍的惘然。

　　托克維爾有一段話是我一直非常喜歡的，翻轉了我們對
思維一事的常識性認知（我們通常總以為「學會」概念性、
分類性思考是一種「進步」，此一錯覺貶低了實體性思考的
文學），他以為，只有上帝能個別的、完整的、差異的辨識
一切事物，所有事物在上帝眼中都是不同的；人類的智力和
心靈做不到，他必須概念的先予以分類，在拆解和省略中，
在異同的比對中才能辨識。分類的、概念的思維正是人類心
智弱化的表徵。

　　很多民族的神話傳說都有天與地斷絕、人與神分離的故
事，我們比較熟悉的，比方說基督教是因為夏娃亞當的犯罪
被逐出了伊甸園，是個寓意性的森嚴短篇故事；日本的則記
載在《古事記》裏頭，揭示著他們萬世一系的天皇家族的來

歷和神性，那發生在天照大神蕩平人間出雲國的妄大自尊、廢黜了大己貴命之後，天照大神派了天孫下凡治理出雲國，賜八尺瓊玉、斬八岐大蛇的出雲叢劍和睹鏡思神的寶鏡等三大神器，並收起天之浮橋，意思是安置完成放心不再過問人間之事；中國的則記載在《周書》中，但更有名的則是《國語・楚語》中的一番說明，那是昭王問觀射父有關「重黎實使天地不通」這話到底什麼意思，難不成人還能登天不成引起的。觀射父的回答非常有意思，非常人文，也非常接近《人造天堂》一書的這個話題，觀射父以為所謂的「登天」其實只是個隱喻的說法，他說最早時候人神不雜，只有少數有特殊才能的人，男的叫覡，女的稱巫，有能力和神溝通，但到了少皥時整個國家社會衰敗下來，道德被毀，人神不分，「夫人作享，家為巫史，無有要質，民匱於祀，而不知其福，丞享無度，民神同位，民瀆齊盟，無有嚴威，神狎民則，不蠲其為，嘉生不降，無物以享，禍災薦臻，莫盡其氣。」大致的意思是家家戶戶都幹起巫覡之事，人人通神，用我們的藥物性幻境來說，等於是集體嗑藥集體狂醉。所以顓頊帝上來，命令南正重司天負責神的事，火正黎司地管人的事，是把天與地分離，但也是恢復原來的人與神關係。

　　如今，人類世界的除魅工作大致上已告一段落，宗教成了鋪路造橋賑災濟貧的慈善業和心理諮商撫慰的醫療業，神話傳說全面停產改成健康無菌的童話工廠，幾乎所有過去的

神與人、天與地、夢境與清醒的曖昧交壤之地皆不復存有，只剩文學（以及音樂、美術等相關創作領域）還勉強遮擋著一部分的理性直射強光，存留住一點點短暫的、似醒未醒的柔和朦朧死角，並不願全部放棄嘗試破譯來自混沌彼岸的零亂難解語言（每個文學書寫者都深知夢的超級難寫，但也每個文學書寫者一生總要飛蛾撲火個幾回才甘心或還是不甘心）。這幾乎函數性的一對一說明了大麻、鴉片云云藥物的當代處境——你看，失去了宗教的護持，它不復是昔日的神聖藥物和香氣；文學及其相關領域僅剩的不絕如縷聯繫，意味著它擴大、磨利人感官的神奇作用已不再有用或說有意義，也同時解釋了何以它至今仍在文學等特殊的世界中還殘留著一點可憐的魔力和魅惑氣味。不神聖又沒積極性的拓展發現功能，剩下來的就很少很少了，除了封閉性特許性的純醫療用途（人都快死了你還怕他上癮不成？），就只能是毒品了不是嗎？

話說回來，「毒品」這樣的駭人字眼，也許讓所有守法的、熱愛秩序的、中產階級式的良善或膽小怕事公民聞之色變（怕蟑螂和微生物、怕香菸、怕野貓野狗、怕小孩喜愛文學哲學，什麼都怕），但嚇不到波特萊爾這樣的人。當波特萊爾告訴我們從意志力、行為能力的摧毀到社會公民和國家戰士的瓦解再到法律的合理管制禁絕，只是他棄絕性的最終結論之語，是波特萊爾認真考察了它一切動人能耐之後決定

把它從人類的心智世界放逐出來，有一點就交給你們法律任憑處置的意味。對他而言，問題不是毒品這一詞，而是魔鬼的伎倆、魔鬼的藥物云云這樣的用語，這是大有分別的。

停止折磨人

魔鬼在波特萊爾所在的歐洲和基督教文明裏究竟什麼意思？魔鬼最生動的特質不是毀滅，而是誘惑和試煉（成功了叫誘惑，不成則成為試煉），它甚至不從威嚇開始，威嚇基本上是上帝和按祂方式行事的聖人先知才幹的事，魔鬼揭示的永遠是最華美最光彩四射的東西，對亞當夏娃是讓人眼睛瞬間明亮起來的智慧，對耶穌是繁華如夢的萬國圖像，對浮士德則是青春、愛情乃至春花般朝露般的鮮美人間世界云云。魔鬼一直是基督教世界最好的文學家，也是基督教世界對人一切心靈特質最好奇也最深刻精緻理解（不該用同情一詞是吧）的心理學者，相形之下耶和華簡直只是個武夫，掃羅般睡帳蓬睡野地的武夫。也因此，人敗壞的轉頭向魔鬼崇拜，不全然是膚淺的、肉欲的享樂和墮落，甚至不見得只是自利，否則歌德的《浮士德與魔鬼》便不會有高度和深度，只能是一齣八點檔好人壞人的肥皂劇，或是像薩德、像亨利‧米勒寫的那樣的爛書爛東西。

魔鬼最可懼的亦不是帶來死亡，通常那也是上帝才做的事（有興趣的人可拿出《聖經》做個統計比較），而是折

磨，某種相形之下連死亡都成為可欲的、成為解脫和安然入睡的折磨。像老子說的，它總是先給你，再拿走，短暫的給你，永遠的拿走，這樣還會多出一種感官性的對比落差，添加了絕望。

有問到納布可夫他最痛惡什麼，納布可夫說：「殘酷，欺瞞，以及對人的折磨。」

整本《人造天堂》，最明亮最目不暇給的可能是波特萊爾為我們傳述的一個一個、而且還一層一層的幻境，一路到最終無言的至福幻境，以及人那種又高高在上又卑微匍匐、又傲慢又充滿悲憫同情、又聖潔如洗又滿身罪惡云云、背向所有人只面對上帝一個那種準上帝式的「天下第二人」式的懺悔，如我們在盧梭的《懺悔錄》和更早聖奧古斯丁的同名之書所看到的（再進一步把唯一比你高的上帝給消滅掉，便成了尼采了）；然而，我個人以為並誠摯建言，最深沉最富情感、最該讓我們調勻呼吸一字一句慢慢讀的，是全書最後一部分德昆西從鴉片天堂跌入鴉片地獄折磨的這一長段。你會懂，為何波特萊爾專注的只取德昆西一人的經歷就夠了，像但丁睜大眼睛亦步亦趨的緊跟住他的詩人老師鬼魂維吉爾一般。到過鴉片乃至各色毒品地獄的人很多，但波特萊爾要的不是呻吟哭號和痛不欲生而已，折磨不是重錘擊打，形態上來看它是刀割，你再難在藥物世界中找到德昆西這樣一層一層感受並記錄地獄苦痛的人，更再難找到有能力把訊息這

麼完整、又這麼讓我們聽懂帶回人間的一個鬼魂。事實上，波特萊爾以為原來《一個吸食鴉片的英國人的懺悔錄》的收尾，德昆西有顧忌有所遲疑保留，他稱之為「假的結局」；波特萊爾追到了他晚年更悲涼的那本書《深深歎息》，以為這才是書的真正收尾。很巧的是，德昆西的死訊在波特萊爾寫到這裏時傳來，死時七十五歲。

「人的大腦，如果說不是廣闊而又自然的隱跡皮紙又是什麼呢？我的大腦是隱跡皮紙，讀者們，你們的大腦也都是。一層層數不盡的觀念、形像和情感，像光一樣溫柔的漸次落入你們的大腦，似乎，每一層都包住了前面的一層，但是，沒有一層真的消失。」——德昆西於1804年開始服食鴉片，小心的控制用量和間隔時間，加上田園隱居生活的眼前開敞山林景象在四季裏流轉更迭（他最喜歡下雪的深冬），讓他足足享受了至少八年的鴉片為友寧靜孤獨時光。1813年開始失控，快速引領他進入至福天堂（1816年是他生命的最高峰時刻），旋即更快速的把他驅趕出來，從此流放到永夜般的黑暗世界，進入「一種災難的《伊里亞德》的境界，到了鴉片的折磨之中」。

總計二十五年之久。

賬是很難算的。我們曉得，德昆西是大量書寫的偉大作家，聰敏、仁慈、幽默而且有著博學多能的好奇和同情，除了《懺悔》和《歎息》這兩本之外，他還留下了《凱撒》、

《文學回憶》、《詩論》、《簡略自傳》、《做為紀念物的記錄簿》、《神學論集》、《致一位年輕人的信》、《古典紀錄的回顧與闡釋》、《思考集，文學與哲學，德國故事與其他敘事性作品》、《克勞斯特海姆，或面具》、《政治經濟學邏輯》、《關於疏漏或被誤解問題的懷疑論與反懷疑論》等著作（我們至少可從這些書名看出他的生命關懷弧度，也不斷可從卡爾維諾、波赫士等人的文章中讀到德昆西敏銳洞見的話語）；但波特萊爾也告訴我們，鴉片帶來的意志力、持續性行動力的消失，也讓我們至少損失了一部有關史賓諾莎的偉大哲學著作和一部有關李嘉圖經濟學的《論政治經濟學的未來系統》云云。若我們冷血的不管德昆西的個人苦難，鴉片在德昆西身上二十五年的工作成果究竟是盈餘是虧損呢？這一點，可能德昆西自己和波特萊爾都說不清楚，而他們兩位也都肯定，「鴉片在增強幻覺的自然強力方面具有多大的能量。做美夢並不是每個人都有的天賦，而且，即便是在那些有此種天賦的人身上，這種天賦也幾乎越來越被日益增強的現代放蕩和物質進步的喧鬧而減弱。夢幻的才能是一種神聖而神祕的才能，因為，這種才能需要孤獨，以便能自由的發展；人越是全神貫注，越是能夠廣泛的、深刻的夢想。然而，哪種孤獨比鴉片創造的孤獨更大、更靜、更與地球上的利益世界相分離呢？」

但答案就在於我們不可以冷血，這是最容易說又最不容

易說出口的話——如同波赫士說人不可以不是人道主義者，如同約翰・藍儂呼籲不要再有犧牲，如同納布可夫和波特萊爾告訴我們的停止折磨人。人當然可以發諸如地藏王菩薩那樣我不入地獄誰入地獄的壯烈豪語，但前提是他必須被告知地獄的可能模樣；還有，容許他後悔，或者說當他後悔時是有效的。

如果說節譯式的《人造天堂》後頭鴉片部分，有比原書《懺悔》更豐碩更值得一讀之處，便在於加入了波特萊爾的對話，以及波特萊爾跳躍時間帶進來整整二十三年之後才寫成的續篇《深深歎息》。波特萊爾說：「我在瀏覽這些古怪的文字時，無法不叫我想到詩人們為描述從生命的戰場生還的人所使用的各種隱喻；他是老水手，是駝背的、滿臉數不清網狀皺紋的、此時正在家裏溫熱著那曾經躲過了無數風險的英雄軀體的老水手。……這就是我一般所稱幽靈的腔調；這種語調雖非是超自然的，但幾乎是人類所未有的，它一半是地球上的，一半是地球之外的，在偉大的勒內不再憤怒和高傲，而是對於地球上的事物表現出的蔑視完全變成漠不關心時，我們有時在《墓外回憶》中找到這種語調。」

賬真的很不好算，尤其當我們讀到德昆西真切如童年又飄浮如幽靈的聲音（不曉得為何會想到耶穌所說你若不回轉小孩的樣式斷進不得天國這句話原來也會是恐怖的），跟我們慢慢講述古羅馬主掌幼兒出世女神雷文納以及她麾下三女

神淚之聖母、歎息聖母和黑暗聖母的故事。沒那鴉片的二十五年，這樣又像回憶又像讖語的聲音如何可能傳出來？

還有，那種先慷慨給你再拿走一切的魔鬼伎倆。說拿走可能不對，幻境乃至於幻境裏的元素和角色並沒消失，只是忽然變了，某種瞬間的光與暗切換，像書中所引用雪萊的兩句詩：「這儼然是一位大畫家把畫筆／飽蘸了地震和日蝕的黑暗」；更像是露出本來面目，以至於原來翩翩仙界般的幻境彷彿只是佈景，只是被揭下來的薄薄一層偽裝，真正厚實無盡的是黑暗，喧鬧的、反噬的，恐怖活物的黑暗，天堂「堵滿猙獰的面孔和冒火的胳膊」。

至大無外，至小無內。卡爾維諾一定會很喜歡這樣幾何學的、空間與線的乾乾淨淨語言，但哲學的凝思和文學的想像是一回事，至大和至小的東西幻化為實體現身你眼前尤其同時現身你眼前可能完全是另一回事──宏偉的建物和風景沒止境的膨脹下去延伸下去，會「對人的眼睛構成了痛苦」，會「變成一種更為強烈的憂慮」，最終究會壓垮你令你窒息；而當所有的記憶一起從遺忘的墓穴走出來同時向你伸手，我們有限的懊悔、有限的寬容，斷斷是承受不起這樣的乞求，或像波特萊爾加德昆西告訴我們的，「要是生活可以壯麗的展現在我們面前，要是我們依然年輕的眼睛可以瀏覽那些走廊、仔細視察這種旅館的大廳和房間──這些都是未來的悲劇和等待著我們的懲罰將發生的場所，我們和我們的

朋友們，我們大家，就會害怕得顫抖著後退！他在以優美的筆觸和難以模仿的高貴色彩描繪了充滿愜意、光輝和家庭純潔的畫面以及富足之中的美和博愛之後，他漸次的讓我們看到了家庭中的所有和藹可親的女主人公，從母親到女兒，她們每個人都穿過沉重的災難之雲；他最後下結論說：『我們可以直面死亡；但是，正如我們中某些人今天已經了解的那樣，既然知道生命是什麼，那麼，誰能直面他出生的時刻（假設他事先得到了通知）而又不顫慄呢？』」

好險朱天心幽靈聲音的《漫遊者》一書書寫能緩慢的、發現的、一個回憶撿拾過再一個的行進，得以讓駱以軍所驚歎「那根純金的心中之弦」繃緊而沒有掙斷；或者說，好險她並未藉助大麻和鴉片的捷徑快快進入，讓她得以依序的找到並安排她那些至小無內、已界臨幻境邊緣的深深記憶。

但真的只是快速和緩慢的差別嗎？或者說，惡意究竟根源於人心中，還是來自鴉片大麻？如德昆西所說的，「惡意並不絕是從心中產生，還有一種智慧惡意和一種想像惡意」？該禁絕的是人自身的某一部分某種傾向如宗教和某些哲學主張的？還是鴉片大麻？只禁絕鴉片大麻夠嗎？

這不是容易做到結論的，事實上人類歷史從經驗摸索到此時此刻也尚未做成定論。《人造天堂》書末波特萊爾寫了個題名為〈興奮劑〉的補篇，扁平的像個公民而不像詩人說話，但我們當然已經知道了，茲事體大，無止無休，波特萊

爾贊同大麻鴉片的法律禁絕，既是他當下一個最具體最嚴肅
的建言，又同時也是個深刻的隱喻是吧！

我個人是這麼相信的。

人造天堂

1860年初版

改編自湯馬斯·德昆西
出版於1822年的著作
《一個吸食鴉片的英國人的懺悔錄》

獻給 J. G. F.

我親愛的朋友，

　　常識告訴我們，塵世的種種事物變化無常，真正的現實只存在於我們的夢裏。而不管是自然的還是人造的幸福，我們若想要品嘗它、消化它，前提就是拿出勇氣全部一口吞下。對於某些人而言，凡人想像中的幸福是他們不得不一口吞下的催吐劑。或許這些人才真正擁有享受幸福的權利。

　　頭腦簡單的人可能會覺得我很不可理喻，竟然把這一幅描繪人造幸福的圖畫獻給一位女士。女人本身不就是幸福最自然的來源嗎？可是，自然表象的世界也會滲透到精神領域裏，成為後者的牧場，到最後兩者糅合在一起變成我們所謂的個體性；同樣地，女人投射到我們夢境裏的是最巨大的陰影與最燦爛的光輝。她在自身的生命之外還在人們的心裏活出另一個獨立的生命：她的精神透過暗示作用，不停地騷擾並孕育一整個想像世界，令人無法回避。

　　而且，即使這一篇致謝辭的來由沒有被理解，那也不是一件嚴重的事情。我甚至認為，若是作者為了某人寫一本

書，而且那個人能夠了解並體會作者的訊息，那麼作者可能根本不會去在意別人有沒有讀懂這一本書。說得更絕一點：誰說作者一定是為了**某某人**才寫書？我聽說有一些賦閒的女人特別多愁善感，她們把內心的祕密寫下來之後郵寄給假想的密友。或許我也有一點類似的癖性：活人的世界對我來說實在不怎麼有趣，所以如果說我的書只適合死人閱讀，我也不覺得有什麼不妥。

可是我並不打算將這一本小書獻給一個死人。那個人雖然病了，她還一直活在我的心裏，她不時仰望蒼天，感受宇宙萬物不停的流變。因為，人不只可以從可怕的藥物得到欣快的感覺，他也擁有從痛苦、災難與宿命之中汲取微妙樂趣的特殊能力。

在我所要獻給你的這一幅圖畫裏，你將看到一個黯然獨行的漫遊者；他在無常的世界裏浮沉，並且將他的心思遙寄給伊麗克綴❶。她曾經如此溫柔地擦拭他額頭的汗水，**滋潤他因發燒而乾燥的雙唇**。你也可以想見另一個奧瑞斯特如何深刻感懷她的恩情；他做噩夢的時候，你就在床邊守候，並且用關懷的手輕輕揮走他那可怕的夢境。

C. B.

---

1 根據希臘神話，奧瑞斯特（Oreste）與伊麗克綴（Electra）兄妹共同策畫為被暗殺的父親阿伽門農（Agamemnon）報仇。

大麻之詩

一　對無限的興味

　　有些人很善於觀察自己，對於曾經有過的印象與感覺記憶非常深刻；他們有點像那個發明了精神氣壓計的霍夫曼[2]，對自己精神狀態高低起伏變化十分敏感。當他們仔細閱讀自己心思的時候，一些美麗的季節、歡樂的日子與醉人的時刻會引起他們特別的注意。他會記得某些日子的早晨，他一醒來便沒來由地感到意興風發，充滿年輕朝氣。他的眼皮前一刻還被睡神緊緊封住，而現在周遭一切卻已經鋪展它強烈的意象，迎面而來，所有事物的輪廓都很清晰，色彩也顯得特別鮮豔可愛。他的內心世界一下子變得無限寬廣，充滿前所未見的光輝。可惜的是，這樣令人忘我的幸福時刻不僅十分稀少而且非常短暫。有幸領略它的人在那一刻會覺得自己的藝術創造力和正義感奔騰澎湃；他覺得自己忽然變得高貴起來。如果拿它與平時日復一日、暗淡無趣的生活相比，將它

2　霍夫曼（E.T.A.Hoffmann），十八世紀末德國作家與批評家，其創作以魔幻與恐怖故事著稱，為浪漫文學重要人物之一。

比喻為天堂也不算誇張。可是這個特殊的精神和感官狀態最
不尋常的地方卻在於：它並沒有任何明顯與確定的緣由。是
因為有這種經驗的人特別善於照顧自己的身體嗎？這是我們
所能想到的最可能的解釋，可是我們也不得不承認，這個豐
沛高昂的情緒時常像奇蹟一般降臨在一個體力透支的人身
上，好像有一股獨立於人類之外的崇高力量在那裏默默施展
它的神力。那麼，是不是這個人信仰特別堅定，禱告特別虔
誠，所以上天賜給他這個美好的感覺做為獎賞？畢竟，當一
個人努力讓他的欲望得到昇華、讓他的精神往崇高的目標發
展的時候，他的心理狀態就像和煦的陽光那樣健康溫暖，不
是嗎？問題是，有時候一個人在放任自己狂歡墮落之後也會
產生這種美好的感覺，這根據的又是哪一條荒謬的定理呢？
再怎麼說，不用誠實合理的方式來發揮理性的長處，反而濫
用它來發明各種詭辯，那就好比放著正常的體操不做而用違
反自然的方式去打散所有的關節。有鑒於上述種種原因，我
的提議是把這個不尋常的精神狀態視為一種恩典：我們可以
把它當成一面魔鏡，它邀請人欣賞鏡子裏那個俊美的自我形
象，照鏡子的人認為自己看起來可以是、同時也應該是那個
風度翩翩的樣子。他彷彿走進一個太虛幻境，耳朵裏聽到的
神諭都披上了讚美的外衣。關於這個現象，某些活躍於英國
與美國的精神主義信徒有類似的看法。他們認為鬼魅與幽魂
等靈異現象所顯現的是神的旨意；神要透過這些現象在人們

心中喚醒一些無形真理的記憶。

那是一個充滿奇幻色彩而且令人著迷的精神狀態，人內心所有的力量在那裏面形成一種微妙的平衡。想像力在那個時候會顯得如虎添翼，可是它也不至於把人引誘到敗德的危險境地裏去。一般而言，一個人的神經組織如果受到過度的刺激，它會唆使人往罪惡與絕望的深淵墮落下去，可是在這個特殊的狀態裏，它也不再苦苦迫害人敏銳易感的心靈了。無論如何，我在這裏所要強調的重點是這個精神狀態的出現沒有任何預兆。它像幽靈一樣忽隱忽現，徘徊不去卻又無法捉摸。對於有智慧的人而言，這個精神狀態應該可以在人們內心裏激發對美好生活的熱切嚮往，同時使人們堅信這個美好生活可以透過自我意志力的訓練來逐步實現。從古到今，這個激勵身心的熱情與高貴的思想都一直被當做無比珍貴的財富，而這也是為什麼在每一個時代、在每一個地方，總是有人不惜違反生理結構的自然法則，在物理與藥理學的領域裏尋找靈感來配製粗糙的飲料或馥郁的香水以求得當下感官的滿足。所有這些嘗試為的就是要找一個出路，逃離生活的泥沼──即使只是幾個小時也好。用《拉薩路》一書的作者巴比耶❸的話來說，這便是「一舉贏得天堂」。唉！人性的弱

---

3 巴比耶（Auguste Barbier），十九世紀法國詩人與批評家。拉薩路（Lazare）為《聖經》人物，死而復活，令許多聽聞此事的猶太人信了耶穌。

點充滿恐怖的陰影，可是我們也不能否認這些弱點同時反映了人類對「無限」高昂的興味，即使這個興味常常把人引導到歧路上去。有一句浮濫的格言說道：**條條大路通羅馬**。如果把它當成隱喻來引用的話，我們也可以在道德領域這樣說：條條大路不是通向獎賞便是通向懲罰。賞與罰，是永恆的兩種表現形式。

而關於人類的精神與意念，我們還可以套用另外一個陳腔濫調來形容它：人的意念所包含的熱情多到用不完。這個意念本身充滿矛盾與弔詭：一方面，它可以突然變得寬宏大量，使人大發慈悲施行善事，可是在另一方面，它捍衛的美德有多崇高，縱慾墮落的傾向就有多強烈。因此，意念往往會支使漫溢的熱情來幹一些邪惡的勾當。它很自負，認為自己很世故又有定見，不相信自己會被背叛或出賣。就這一點而言，它根本不是魔鬼的對手：它以為被魔鬼抓住一根頭髮無所謂，結果整顆頭顱馬上就被它給提走了。就是因為這樣，人類才會在表象自然界裏自封為王，千方百計嘗試煎煮一些藥膏來創造天堂。他像瘋子一樣拿畫在帆布上的圖案來取代花園裏實實在在的椅凳。我們先拿一個文學家做為例子好了。他喜歡一個人在孤獨的世界尋找陶醉，同時又因為病痛的緣故而被迫使用鴉片做為減輕痛苦的解藥。對他而言，鴉片成了一種新鮮的病態樂趣的泉源，甚至變成養生的法寶與照亮他心靈的太陽。現在我們再來到城市最破舊的角落

裏,看看路旁爛泥巴裏涎皮賴臉的醉漢:他不知道自己有多麼落魄荒唐,甚至還自以為很高尚。我要說的是:不管是文學家還是醉鬼,所有不可取的縱慾行為其實都來自於對「無限」的境界一種變質的追求。

這個世界上有幾種藥物具備了引發我所謂的**人造理想**的特殊效力。比如說酒精,它可以在很短的時間內使人感到筋骨酥軟,心神蕩漾。或者說香水,它撲鼻的芳香可以撩動人的遐想,使人感到惺忪慵懶。而如果撇開酒精與香水,那麼最方便使用也最容易到手的刺激性物質有兩種,那就是大麻與鴉片。這些藥物在人身上引發神奇的效果,帶來一種病態的快感;長期使用它便免不了要為它付出相應的代價,而且這個追求虛假理想的過程本身也敗壞了人的道德情操:所有這些現象構成了這一本書的主題。

當今關於鴉片的研究文獻可以說已經十分精確詳細,它們不僅具有醫學價值,也充滿了詩意與文采,不需要我來畫蛇添足;我只要在這本書的第二部分詳細介紹一本關於鴉片的偉大著作就夠了。那一本奇書到現在為止還沒有被完整地翻譯成法文,但它的作者在文學界頗負盛名,只是目前已經退隱,不再過問世事。他以豐富細膩的想像力與帶有悲劇色彩的坦率語調,詳細記述了早年鴉片所帶給他的種種樂趣與折磨,帶領讀者跟他回顧自己當年一時大意讓鴉片的魔咒綑綁身心的經過,以及他後來發揮超凡的毅力掙脫魔咒的過

程，而後者也是他整本書最引人入勝的一部分。

　　現在，我這一本書的第一部分只討論大麻的效力，而我所引述的觀察主要來自於一些長期使用大麻的人士的筆記或密談記錄，他們都是值得信賴的人士，所提供的資料豐富、詳盡而且確實。同時為了使整個敘述讀起來入情入理，我決定綜合這些性質不同的文件，透過一個假想的典型人物的傳記，讓讀者對這一類經驗有更多的了解。

二　大麻是什麼？

　　對於馬可・波羅與其他早期旅行者的著作，人們曾經抱
持嘲諷與質疑的態度加以看待，可是後來的學者證明了這些
記述其實都有根據，值得我們採信。根據馬可・波羅的描
述，東方仙山裏住了有智慧的老者與他的弟子們。最溫馴服
從的年輕弟子們會被遴選出來接受所謂的獎賞，由老者帶領
他們窺探天堂的奧妙。他用大麻把這些弟子薰醉後，把他們
關進一座充滿珍奇逸樂的花園裏。我不在這裏贅述細節，如
果讀者想要對哈士申神祕教派❹有更詳細的了解，我建議他
參考赫恩瑪先生的著作以及席維斯特・德薩希先生收錄在
《法蘭西金石與美文學院文獻第十六冊》的回憶錄❺。另外，

4　哈士申（Haschischins）指稱十一世紀末年活躍於高加索山區的恐怖分子，
　　其領導人令其追隨者飲用一種用大麻（haschisch）製成的飲料，以確保其
　　忠心。這也是歐語「暗殺者」（assassin）一字的由來。
5　席維斯特・德薩希（Sylvestre de Sacy），十八世紀法國學者，專精於中東
　　語言與文化之研究。法蘭西金石與美文學院（l'Académie des Inscriptions et
　　Belles-Lettres）隸屬於法蘭西學院，是法國的學術權威機構。

德薩希在一封寫給主編的信裏解釋了**暗殺者**（assassin）這個字的起源，這一封信可以在1809年的《資源管理期刊》❻第359期裏找到。根據古希臘作家希羅多德❼的說法，黑海沿岸的薩迦人收集大麻的種子，用燒紅的石頭砸它來製造煙霧。對薩迦人來說，沒有任何希臘蒸氣浴比得過這個香味。他們的情緒被這個煙霧薰到歇斯底里的地步，激昂亢奮的呻吟聲此起彼落，無法抑制。

　　事實上，大麻是從東方傳來的產物。早在遠古時代，埃及人便已經充分了解它的刺激性，而在印度、阿爾及利亞與葉門等地，大麻也有若干不同的稱呼，廣為人們使用。話說回來，我們自己在法國就可以透過某些植物所散發的氣味，以及它所引發的怪異醉態來觀察大麻的奇特效力。在鄉下長大的孩子常常會在收割過的紫苜蓿堆上打滾嬉戲，接著就莫名其妙地感到頭暈目眩。這還不止：一些被雇來收割法國大麻的男女工人也常常有類似的徵候，好像這些草堆會發出一股疫氣來戲弄他們的腦袋，使他們感到暈頭轉向，癡夢連連，甚至還會四肢軟弱，不聽使喚。另外我們也聽說過很多俄國農民有夜遊症的煩惱，而且根據推斷，這個現象的來由

6　《資源管理期刊》（*Moniteur*）。

7　希羅多德（Hérodote），公元前五世紀的古希臘作家，他把旅行中的所聞所見，以及第一波斯帝國的歷史記錄下來，著成《歷史》一書，成為西方文學中第一部完整流傳下來的散文作品。

是因為他們習慣於使用大麻籽油來料理食物。大麻籽油有什麼神奇力量呢？讀者可以到一些有農夫和地主在辦喜事慶典的村莊去看看，他們常常在教堂鐘樓底下舉辦賽馬大會來炒熱場面，還拿澆了酒的大麻籽來刺激馬匹，那些馬立刻變得趾高氣昂，死命地往前衝。要不然，到院子裏去看看那些吃了大麻菜籽的母雞不可一世的德性，也就可以對大麻的效力略知一二了。

但是法國大麻並不能被拿來製造大麻菸。根據以往的經驗，用法國大麻製成的菸捲效力和真正的大麻菸無法相比。真正的大麻菸要用一種來自印度的植物來製造，它的拉丁學名是 *cannabis indica*，屬於蕁麻的一種。它外表看起來與法國大麻很像，但是比法國大麻矮一些。最近這幾年，印度大麻令人興奮陶醉的奇特效力開始在法國引起學者與上流社會人士的注意。人們對於來自不同產地的大麻也有不同的評價。一般而言，來自孟加拉的大麻最受歡迎，而來自埃及、君士坦丁堡、波斯與阿爾及利亞的大麻也具有相同的效力，只是強度稍微低一些。

大麻這個字 "haschisch" 來自於阿拉伯語，原意就是**藥草**。換句話說，阿拉伯人視大麻為所有藥草的最佳代表，而藥草也因此象徵了所有精神欣快感的泉源。大麻隨著它的成分差異與各地不同的調製方式也有好幾個名稱。印度人把它叫做**班紀**；非洲人叫它**特利亞吉**；在阿爾及利亞與葉門，人

們管它叫做**麻郡**。大麻的成分也會隨著收割季節的不同而有所變化，在它開花的時候收割所得到的大麻效力最強。我們現在要說明的便是那些只用開花的梗梢所製成的各色大麻菸。

阿拉伯人採集新鮮的大麻花莖梗梢，加入少量水之後放在奶油裏熬煮成一種**濃縮油脂**。接著再蒸乾油脂裏的水分並加以過濾，得到一種混合了大麻與陳腐奶油臭味的黃綠色油膏。這個油膏可以被製成兩公克至四公克的小藥丸來使用，可是因為它的臭味會越來越重，所以阿拉伯人便把濃縮油脂做成果醬來保存。

最常見的一種果醬叫做**達瓦麥斯克**。它的成分裏含有濃縮油脂、糖分以及各式各樣的香料，比如香草、肉桂、開心果、杏仁與麝香等。有些人還會為了得到其他和大麻完全無關的效果而加一點斑蝥在裏面。經過這樣處理的大麻不再令人感到厭惡，人們可以十五、二十和三十公克的劑量將它包裹在樹葉裏或加在咖啡裏服用。

史密斯、加斯提內勒與戴庫提夫曾經設計實驗來探討大麻刺激性質的成因，可是一直到現在我們對大麻化學成分的了解還是很模糊。現在人們普遍認為大麻的刺激性來自於一種樹脂，每一百公克的大麻裏面就有十克，含量相當可觀。這種樹脂的萃取法是先把乾燥的大麻碾成粗糙的粉末，用酒精涮幾次，再用蒸餾法除去一部分的酒精，讓它蒸發到成為

脂膏的狀態。最後用水溶解脂膏裏的雜質，剩下的樹脂便很精純了。

這個經過提煉的樹脂叫做哈士辛（haschischine），它外表呈深綠色，質地柔軟而且散發大麻特有的濃厚氣味，五克、十克或十五公克便足以引發驚人的效果。人們拿它與巧克力一起製成小糖錠，或者與薑摻在一起製成小丸子來服用。隨著各人的性情與神經敏感度有所不同，它所引發的效力強度與型態也有很大的差異，這是它和達瓦麥斯克與濃縮油脂相似的地方，但是它在同一個人身上所引發的效果竟然也千變萬化，令人感到不可思議。

在某些時候，它引發一股無法抵擋、無比快樂的情緒或是心滿意足、別無所求的幸福感，另外一些時候則是一種半睡半醒、夢寐不斷的狀態。儘管存在這些變化，我們仍可以觀察到一些反覆出現的現象，而在那些性情與教育背景相似的人身上，這些現象的規律性會更明顯。這個變化中的統一性，便是我接下來針對大麻醉態所做傳記式描述的立論基礎。

在君士坦丁堡、阿爾及利亞，甚至在法國，有人混合了大麻與菸草做成菸捲來抽；在這種情況下，這本書所討論的現象還是可以在抽菸的人身上觀察到，但是它會變得非常溫和，甚至可以說是聊備一格。最近我還聽說有人成功地用蒸餾的方式從大麻萃取一種精油，它的效力似乎比目前所有已

知的配料都更猛烈，可是由於我找不到可靠的觀察與記錄，所以也不願意在這裏道聽塗說。說些沒有根據的話，就好比寫書來告訴讀者說茶、咖啡與酒精都是可以激發這個神祕醉態的烈性佐料，那豈不成了連篇廢話嗎？

三　熾天使劇院⑧

　　你感覺到什麼？看到什麼？神奇的事物，不是嗎？精彩絕倫的場面？很美嗎？很棒很了不得嗎？很驚險刺激嗎？對大麻一無所知的門外漢遇見對它略知一二的新手，在敬畏之餘又按捺不住好奇心，問的大概就是類似的問題。那種情形好比一個從來沒有跨出大門一步的人遇到一個從很遠的地方旅行回來的人，像毛躁的小孩子一樣急著要人跟他形容外面那個不知名的國家的樣子。他們把大麻引發的醉態想像成一個富庶的樂園或步步驚奇的魔幻劇場，裏面所有的事物都很新鮮而且變幻莫測。這種成見是個徹徹底底的誤解。對於一般讀者與提問的人，大麻這個字影射了一個沒有任何秩序的異想世界與使人殷切期待的玫瑰夢境（精確一點來說，幻覺這個字比夢境更為恰當，而且那幻覺也並不像我們所想像的

8　熾天使（Séraphin）唯一出現在《舊約聖經・以賽亞書》，中文《聖經》譯本音譯做「撒拉弗」。熾天使沒有固定的形體，面龐為紅色，軀體是火焰，長有六隻羽翼，其中兩隻覆蓋臉，兩隻覆蓋腳，另外兩隻用於飛翔。熾天使手持火焰聖扇，不休止地讚美上帝，在上帝的寶座周圍飛翔。

那樣常見）。我在這裏馬上提醒讀者：大麻所引發的效果與睡眠的現象是完全不同的兩回事。沒有錯，從某個角度來看，睡眠可以說是一種奇蹟，因為每到晚上我們都會準時踏上這個探險之旅，但是這個奇蹟周而復始，使我們不再覺得它有任何神祕感。可是這樣討論人的夢還是有點籠統，因為它其實可以分成兩種類型。第一種夢境充滿了做夢的人日常生活裏的事物。他的心思，他的欲望，他的惡習與他當日所見的種種事物形成一種古怪的組合。這些不請自來的事物肆無忌憚地在他記憶的巨大畫布上漫步，我們可以把它稱為「自然的夢境」；它是做夢的人忠實的反映。

至於另外那一種夢境！那種不可理喻、無從捉摸的夢境，那種和做夢的人的性格、生活與熱情沒有任何關聯的夢境！我把這種夢稱為「畫符的夢境」。我們可以肯定地說它象徵了生命超現實的一面；因為它的本質實在太荒謬了，根本無法用自然因果關係來解釋，所以我們的祖先認定它的根源不可能來自於我們這個世界，而且把它當做神意的顯現。撇開占夢術不談，一直到今天都還有哲學學派把這種夢境視為一幅具有道德內涵的象徵畫，在其中讀取某種責難、忠告或建議的訊息。無論如何，這一部有待研究的字典與一套需要睿智解讀的語言指稱的是做夢的人的精神世界，而不是他周圍的表象世界。

這個畫符的夢境與大麻所引發的醉態是風馬牛不相及的

兩回事。大麻的醉態是第一種自然夢境忠實的翻版。它從頭到尾像極了一場黃粱大夢，充滿強烈的色彩與瞬息萬變的念頭，可是不管它如何狂妄，那裏面一定沾染了做夢的人的個人色彩。

人想要到夢中神遊，夢境卻反過來宰制他；但是不管怎麼說，做夢的人才是因，夢境只是果。一些無聊的人處心積慮在他的生活與思想裏加入超自然的元素，可是就算他有嚐到一些亢奮的情緒，那也只不過是他的性格特徵被放大加強的結果，到頭來他還是同樣那一個人，好比同樣一個數字經過多次乘方而變大一樣。他在夢裏被降服了；而最可悲的是，宰制他的不是別人，而是他自己內心裏一向處於支配地位的那一部分。**他夢想成為天使，結果卻變成野獸**。如果那一種極度敏感與失去控制的狀態可以被稱為「力量」的話，那麼這一隻野獸的力量在那一刻的確是非常驚人的。

世界上很多人都在盲目地追求新奇的樂趣。我在這裏明白告訴他們：想要在大麻裏發現奇蹟，那無異是緣木求魚。在大麻的醉態裏，除了超量的自然之外，什麼都沒有。大麻的確可以在人的大腦與其他器官引發一些異常的反應，可是它們除了在頻率與強度比平時提高許多之外，並沒有任何本質上的差異，也不會錯亂走位。大麻有如一面哈哈鏡，人們的思想與印象在這個鏡子前被誇大扭曲了，可是那終究只是一面鏡子，它不會捏造原本並不存在的東西。所以如果人想

要從他命定的體質與道德傾向裏脫逃出來,大麻對他將是一點用處也沒有。

看看這一抹和胡桃一樣大、氣味濃厚的綠色果醬:這就是大麻。那個衝鼻的氣味強烈得使人感到作嘔,就像所有最細膩、最甜美的氣味,當它們的濃度強到極點的時候也會使人感到十分厭惡。我在這裏暫且說句題外話:一個最討厭、最惹人嫌的氣味如果能夠被減弱到似有若無的濃度,說不定也會反過來變成一種享受。——現在我們言歸正傳:幸福,原來也不過是如此!幸福帶給你一整個陶醉、瘋狂與縱情放肆的世界,可是你只消用一把小湯匙就可以把它整個盛住!你可以一口把它吞下去:不用擔心,它不會要你的命,也不會損害你身上任何器官。如果你太常動用這個巫術的話,過一段時間之後你會發現自己的意志力變得比較薄弱,陽剛氣也有可能比現在差一些;可是那個屬於未來的懲罰看起來是如此遙遠,那災難的本質又是那麼沒有定論!你會遭受什麼損失?大不了是明天一點神經衰弱的困擾罷了。

畢竟,你每天不是都在為一些更微小的獎賞而冒著更嚴厲懲罰的危險嗎?好了,我們不必再拐彎抹角了:

你知道要把濃縮油脂混到咖啡裏來提升它的效力,而且還特地把晚餐的時間延後到九點或十點,好讓毒藥在空盪盪的肚子裏為所欲為,頂多在一個小時之後喝一些清湯也就夠了。現在你已經打點好行囊,準備走上一段漫長的奇幻之

旅。汽笛響了，風帆揚起了。可是，你比一般的旅客多了一項耐人尋味的特權：你完全不知道自己正要往哪裏去。這可是你自找的；跟著你的命運走吧！

如果我沒猜錯的話，你早已經對這個探險之旅的出發時機做了妥善考慮與安排。只有在徹底卸除所有的掛礙之後，慾樂才會盡興，不是嗎？你也知道被大麻放大的不只是人的情緒，所有組成情境與氛圍的事物也都在它的效力範圍之內。所以在這個時候你不應該有任何需要履行的責任，準時與精確的要求變成天方夜譚，居家的煩惱與愛情的創傷都被摒除在你門外。對於這一點你千萬不可掉以輕心，因為任何煩惱和憂鬱的情緒或者責任感，哪怕只是一點點，都可能徹底摧毀你的樂趣。責任感會對你耳提面命，要你在時限之內集中你的意志力與注意力，憂鬱會變成焦慮，煩惱會變成折磨人的酷刑，這時候你享樂的興致就會變質，乃至於蕩然無存。如果你遵守這些先決條件，如果你處在一個令人心曠神怡的環境之中，比如說一片秀麗的山水或者裝飾浪漫的房間裏，甚至有一點音樂助興，那確實是沒有可以挑剔的地方了。

大麻所引發的醉態通常包含了三個明顯不同的階段，而且第一個階段初始的徵候在第一次嘗試大麻的人身上表現得最顯著，就像你這樣：別人跟你大略描述過大麻的神奇效果後，一個典型的醉態馬上出現在你的想像空間裏，使你迫不

及待想要去拿現實來與這個想像比對，看它是否真的符合你的期待。

這個心理狀態本身使你在一開始便陷入一種焦慮的情緒，也讓你變成毒藥唾手可得的獵物。大部分的新手在入門第一個階段都會對大麻效果的遲緩感到訝異。他們像小孩子一樣毛毛躁躁，缺乏耐性，一見到藥物的效用沒有他們預期的那麼快就鼓噪起鬨說那是一場騙局。可是一旁有經驗的老手對大麻的習性已經瞭若指掌，那種態度在他們看來實在很幼稚可笑。大麻效力出現的前兆很像暴風雨前的寧靜。你還在一片狐疑當中的時候，它已經在暗中悄悄醞釀而且逐漸增強。接著，一種荒唐的愉悅感忽然不由分說地把你攫住了，那種快樂的感覺不僅十分誇張，而且背後沒有任何理由，使你感到很沒面子。當你覺得鬧夠了，想要重新集中注意力的時候，你會發現自己處在一個昏昏沉沉的狀態，力不從心。就在這個時候，那個誇張的愉悅感又再次出現，打斷你癡呆的狀態，這個過程可以一連重複好幾次。到後來，連最簡單的字與最平凡無奇的概念在你看來都會變得新奇古怪，你甚至想不透為什麼自己以前竟然把它們看得那麼簡單。不期然的荒謬想法，沒完沒了的耍嘴皮子遊戲以及片段的笑料都不斷湧現在你的腦子裏，使你看起來就是一副中邪的模樣，你自己則是被這種像搔癢一樣的欣快感折磨得受不了，也不想嘗試去抗拒它了，你甚至把自己當做取笑的對象，你身旁的

同伴也會站在你這一邊，和你一起嘲笑在場每一個人笨拙與瘋狂的窘態。可是他們並沒有任何惡意，所以你也不會記恨。

這個欣快感使你一下子覺得意興闌珊，一下子又感到情緒激動。歡樂之中夾帶著困惑，病態的猶豫激發了不安全感，所有這些錯綜複雜的情緒不停向你襲來，可是它們通常不會持續太久。

很快地，所有意念之間的關聯開始變得很模糊，維繫各個思想的線索也開始被打散，到最後只有你的同伴了解到底發生了什麼事。而且就連這一點都只是一種臆測，因為沒有人能夠證實說你的夥伴真的能夠體會你的感覺；他們自以為了解你，可是沒有人知道那是不是一場誤會，就像你說你了解他們，可是那也有可能只是一個類似的幻覺。那些沒有和你處在相同醉態的人可能會冷眼旁觀這些嬉鬧與爆笑的場合，然後聳一聳肩說那如果不算裝瘋賣傻，也是偏執愚蠢的低級趣味。相對地，這些充滿智慧的旁觀者所表現出來中規中矩的理性態度，在你眼裏反而變成一種邪惡的化身，使你對他們嗤之以鼻。你們的角色完全顛倒過來了：他們表現出一副冷漠不屑的表情，不和你接近，你的反應是以加倍的挑釁與諷刺回敬他們，陶醉在他們無緣消受的快樂感覺裏。這個情境像極了一個詭異的鬧劇：你這個瘋子反過來以無上的優越感來安撫那些充滿智慧的人，那種優越感像是剛從地平

線上升起的太陽，它慢慢膨脹，持續擴張，最後像流星一樣
崩潰隕落。

　　我曾經親眼見識過這種荒腔走板的場面。如果你對於大
麻的效力沒有任何概念，這種場合確實會讓你感到很不自
在。可是如果你知道大麻在兩個性情相似的人身上有可能會
引發南轅北轍的效果，那麼你在觀察別人的時候或許比較不
會覺得滿頭霧水。我認識一位很有名的音樂家，我想從來沒
有人跟他提起過大麻這種東西，他對大麻的藥性也一無所
知。有一天，一個無心的巧合把他與一群吸了大麻菸的人湊
在一起。這些人開始向他描述大麻神奇的效果，音樂家聽了
這些生動的描述之後用禮貌性的微笑來回答，那個微笑透露
了一種討好眾人的善意，好像說只要在場的人高興，他並不
會在意暫時放棄自己的原則。可是這些人的直覺因為毒藥的
作用而變得異常敏銳，他們一下子便猜透了音樂家的心思，
同時發出一陣嬉笑，使音樂家有一種被羞辱的感覺。緊接而
來的爆笑聲、尖銳的對話以及怪異的姿態全都在他眼裏組成
一種病態的氣氛，惹得他惱羞成怒。到最後，他以不耐煩的
口吻告誡那些人**不要濫用這個藝術家的法寶，把自己搞得不
成人樣**。這一句話使所有在場的人愣住了：他們忽然發現有
一齣喜劇正在那裏上演。

　　他們變得更加肆無忌憚。音樂家說：「你可能認為這個
法寶對你很有用，但是，它對我沒有任何好處。」「它對我

們很有用，那就夠了。」從那些病態的人當中冒出這樣一個自私的回答。現在音樂家已經搞不清楚他眼前這些人是真的瘋子還是只在裝瘋賣傻，所以他認為馬上動身離開才是明智之舉。就在這個時候有人把門關上了，還把鑰匙給藏了起來。另外有一個人在他面前跪下來，代表在場所有的人乞求他的原諒。這個人哭哭啼啼，還一本正經跟他說好話，說他們智慧不足，愚蠢有加，受到別人鄙視也不為過，可是他們確實是以一片赤誠的心來對待他。音樂家聽到這一番話之後也就不再堅持離開，甚至還順應眾人殷切的要求，勉為其難地演奏了幾首曲子。小提琴的聲音在房間裏輕輕傳開來；這個時候，有些在場的人好像**被毒箭射到**，應聲倒了下去（這種形容一點也不誇張）。喑啞低沉的歎息與無端的啜泣，各種聲音此起彼落，而沒有聲音的淚水也洶湧澎湃，積流成河。這一幅景象把音樂家嚇壞了，演奏也驟然停止。他看到有一個人臉上的表情痛苦到了極點，便走到他的身邊，用關心的語氣問他是否需要任何東西來減輕他的痛苦。他旁邊另有一個**腦筋動得快**的同伴建議拿檸檬水和乳酸飲料給他喝。可是這個人臉上馬上流露出狂喜的表情，還用無以復加的鄙視眼神瞪著這兩個人看：我的興奮與幸福多到讓我受不了了，你們倒想要來醫治我！

　　這個插曲顯示了「善意」在大麻所引發的感覺裏扮演一個非常重要的角色。那一種善意來自於當事人鬆弛的心理狀

態，它也因此而顯得特別溫柔、嫻靜而且慵懶。有一個人向我敘述了他在這種醺醉的狀態下所經歷的奇遇。他那巨細靡遺的敘述使我再一次深刻體會到大麻如何把人帶到一個非常難以脫身的荒誕窘境，同時也證實了我先前所提到的大麻藥效因人而異的特性。我不記得這個人是第一次還是第二次試用大麻，也不確定他是否不小心一次用了太多的劑量，也說不定大麻在沒有任何明顯外因的情況下在他身上引發特別強勁的效果；我只知道大麻給他帶來一種至高無上的欣快感，讓他覺得自己的生命力源源不絕。一開始的時候，這種意興風發而且自命不凡的情緒使他心醉神馳，可是緊接著而來的恐怖想法把他嚇得面無血色，因為他心裏忽然產生一個疑問：他的身心功能會產生什麼無法控制的變化嗎？這個超自然的狀態會不停地擴大嗎？他的神經會變得越來越脆弱嗎？我們知道處在這種心理狀態裏的人會誇張放大他所見到或感受到的一切事物，而這個疑懼的感覺也在這種情況之下變成一種言語無法形容的折磨。他說：

「我像一匹脫韁的野馬往懸崖奔去，想要停下來卻完全沒有辦法，那情況恐怖到了極點。接下來一連串的偶發事件組成一個**隨機**的混沌世界，使我的思想完全失去方向感，只能像無頭蒼蠅在原地亂竄，同時我嘴裏一直嚷著：來不及了！來不及了！這種絕望的感覺可能只持續了幾分鐘，可是在當時卻好像永遠不會結束。等它好不容易消失之後，我心

有餘悸地回想這一段瘋狂的插曲，天真地以為自己成功甩掉它了，從此走進傳說中的西方樂土。說時遲那時快，一個新的**災難**又馬上向我猛撲過來，我成了另一波恐怖威脅蹂躪的對象。

「那時候我忽然想到當天晚上我必須出席一場晚宴，而且在場的都是社會上有頭有臉的重要人物。我會和一群睿智而且行止有度的人士一起出現在聚光燈下，而且絕對不可以讓別人猜到我隨時都有可能情緒失控。我相信自己做得到，可是當我想到這個努力所需要的超人意志力時，整個人就幾乎當場崩潰。

「一個無從解釋的巧合使我想起傳道書裏的一句話：『讓上天去詛咒那個製造醜聞的人！』我想要把這個想法趕出我的腦袋，可是我越這樣想，它就越在我腦海裏賴著不走。我內心的煎熬（那是一種切膚之痛）被無限制地扭曲放大，給我一種走到窮途末路的感覺。我對於大麻的效力沒有任何概念，但是我想自己至少要有負責任的態度，把整個事情弄清楚之後，心安理得地面對世界。所以我決定鼓足勇氣，強迫自己去問診。在往藥劑師診所的路上，我走過一家商店的櫥窗前面，看見映在玻璃窗上的自己。不看還好，看了之後我被自己的臉孔嚇一大跳。我馬上停下來，考慮下一步路應該怎麼走。

「我告訴自己說：看看玻璃窗裏那個人蒼白的臉色，往

內縮的嘴唇，凹陷的雙眼！為了這種傻事去驚動藥劑師，值得嗎！另外，如果在藥店遇見別人，成為別人的笑柄，那不如叫我去死算了。

「我心裏很清楚，在那一刻我所有的情緒都被一種突來的『善意』給宰制了，而那個善意的對象竟是一個素昧平生的藥劑師。當時我處在一個悽慘無比的心理狀態裏，所以我想像之中的藥劑師和我一樣神經過敏，任何最微小的聲音都會對他的耳朵或情緒造成迫害。我告訴自己說：他看到我這一副模樣難保不會動了惻隱之心，所以我應該盡可能把手腳放輕，踮著腳尖走進他的診所，而且跟他說話的時候盡量輕聲細語。你聽過大麻的聲音嗎？那是從喉嚨深處傳出來的嗓音，渾厚低沉，與鴉片菸鬼的聲音很像。可是我這一片好意換來的卻是徹底的反效果：藥劑師不僅沒有覺得比較安心，反而被我嚇壞了。他從來沒有聽說過這種『病』，對它一無所知，而且還用好奇與狐疑的眼光打量我。他把我當成瘋子、壞人，還是叫化子？也許什麼都不是，可是這些荒謬的想法卻不停在我的腦海裏盤旋。我別無選擇，開始耐心地跟他從頭解釋（多累人！）大麻的果醬是什麼，有什麼用途，同時也不忘向他擔保說我的病情沒有什麼危險，**他**也不需要為我擔心。我再三強調說我只想跟他要一些可以減輕我症狀的解藥，而且我絕對不會給他帶來任何困擾。就這樣，我卸下所有的自尊跟他解釋整個事情的緣由。藥劑師聽完之後只

做了一件事：**開門送我出去**。我對他付出那麼多的慈悲與善意，換來的就是這種回報。稍後，我如約出席了晚會，舉止沒有產生任何偏差，也沒有鬧出醜聞。可是沒有人想像得到，我為了讓自己外表看起來與正常人一樣，付出了多慘痛的代價。我永遠也忘不了這個充滿詩意的醉態受到社會禮儀與責任感牽制的時候所產生的激烈衝突與折磨。」

　　一般而言，我對於所有為想像所苦的人都會感到同情，可是這一段敘述仍然使我覺得滑稽好笑。當事人在這個經驗之後並沒有和大麻斷絕往來，而是繼續向那個邪惡的果醬索取一種額外的興奮感。他的個性謹慎，本身又是一個有社會地位的人士，所以他很有節制地減低服用的劑量，只不過他也同時提高了使用頻率。最後，他還是沒有逃過這種壞習性所帶來的苦果。

　　現在，我們來看看醉態下一個階段有什麼不同的發展。第一階段充滿了幼稚的欣快感，它結束的時候伴隨著一種平靜緩和的情緒，可是新的現象很快又接踵而至。一種清涼、甚至冰冷的感覺從你的肢體末梢竄進來，讓你覺得全身軟啪啪地，像奶油那樣酥軟。你感到既詫異又難堪，不停地猜想到底發生了什麼事。可是這個生理變化繼續著：一種陌生的狂喜之情把你的眼皮拉扯開來，你的臉孔泛白，嘴唇變薄而且往嘴巴裏面收縮，呼吸也變得很吃力，那個模樣好像一個野心勃勃的人被某個狂妄的思想壓抑住而深深吸進一口氣，

或是受到某個偉大的計畫鼓動而蓄勢待發。

　　你感覺喉嚨被緊閉起來，顎部感到非常乾燥，眼看就快要渴死了，可是你的身體好像寧可享受怠惰的樂趣也不願意動手為自己掬一把救命的甘泉。你的胸口發出一股粗獷低沉的歎息聲，暗示著這個軀體已經太**老舊**，跟不上你重獲**新生**的靈魂欲望的動向。有時候一股震動像電流一樣穿越你的身體，讓你做出一個不自主的動作，就好像你在一天的工作之後或是在輾轉難眠的夜裏，在睡著之前偶爾會冷不防抽動一樣。在繼續下一段說明之前，我在這裏描述一個插曲來解釋前面提到過的清涼感覺，同時再一次強調即使我們把討論的主題限制在大麻所引發的生理反應，也可以觀察到不同的人之間差異變化可以有多大。這一段插曲來自於一個文人的自白。光是聽他這幾段話你就可以領略到敘事者的文人氣質。這個人這樣跟我說：

　　「有一次我服用了一些濃縮油脂，整個世界忽然變得十分完美，可是那種病態的快樂情緒只持續了一段很短的時間，緊接著而來的是一種夾帶了驚奇的慵懶情緒，和幸福的感覺幾乎有一點相似。我想接下來應該是個無憂無慮的寧靜夜晚，便開始滿心歡喜地期待。可是天公不作美，我必須臨時改變計畫陪朋友去看一場表演。我別無選擇，下定決心犧牲我給自己放鬆休息的強烈渴望，勇敢地接下這個任務。我住家附近所有的座車都被雇走了，所以我只好認命地徒步往

劇院走去。這一條路很長，而且一路上刺耳的馬車聲、行人愚蠢的對話以及數不清的瑣事像汪洋一樣圍住我。這時候我的指尖已經感覺到一陣輕微的涼意；不一會兒工夫，那就變成了一股徹骨的寒意，我感覺自己的雙手好像插在一個冰桶裏。奇怪的是，這種刺骨的感覺並不完全是一種折磨，反而夾帶了某種欣快感。這樣一路走下去，我感覺路越來越漫長，冰凍的感覺也越來越強烈。我跟朋友問說天氣是否真的那麼冷，還問了兩三次，他回答我說正好相反，天氣暖和得很。最後我們終於抵達劇院。我踏進預約好的包廂，想到接下來連續三四個小時可以不受干擾地好好休息，內心就感到無限暢快，好像一腳踏上了神仙樂土。一路上依靠我微弱的力氣所壓抑住的情緒，全都在這一刻像無聲的狂潮一樣爆發出來，我則在那上面載浮載沉。

「寒意仍舊不斷向我襲來，而我所看到的賓客身上穿的都是很輕便的服裝，有些人還慵懶地擦拭額頭的汗水。看來這一整個盛夏的劇院裏，有寒冷感覺的就只有我一個，這個特權讓我在暗地裏沾沾自喜。只不過這個寒冷的感覺越來越強，強到令我感到驚疑害怕。我不斷地問自己它到底可以冷到什麼地步。後來我明白了：這一種寒冷可以冷到讓思想凍結。我變成一塊會思想的冰，一座由整塊冰鑿刻出來的雕像。這個狂妄的幻想在我內心激發出一種難以形容的道德美感，使我感到無比驕傲。在場有數不清的來賓，可是沒有一

個人了解我真正的本質，沒有人知道我遠比他們優越，那種使我整個人著魔的特殊感覺他們永遠也想像不到：這個想法使我那可鄙的快感一下子增強了好幾倍！我付出這麼大的代價來偽裝自己，現在這個特殊的滿足感是屬於我一個人的祕密，也是我應得的報償。

「另外，也許是寒冷感覺的暗示作用，我在踏進包廂之後便立刻感到眼前一片漆黑。寒冷與黑暗顯然是兩個相互加成的概念。你知道大麻在人們的想像裏代表了一切光輝燦爛的東西，比如說金光閃閃的瀑布、波光瀲灩的湖水、銅鏡表面的反光、沙龍裏的吊燈、慶祝聖母節的蠟燭，以及黃昏之中千層的玫瑰紅霞。只要是光線，都可以為大麻的醉意增添光彩。我坐在劇院的包廂裏，對光明的渴望是這麼強烈，以至於那一盞吊燈的光芒在我看來顯得出奇昏暗，根本無法使我感到滿足。我彷彿走進了一個黑暗世界，而且那一片黑暗越來越濃稠，我感覺自己在夢中被流放到北極永夜的深處，鎖在沒有盡頭的寒冬之中。正在上演喜劇的舞臺構成了這個黑暗世界裏唯一的亮點。它很小，很遠，好像要用特大號的望遠鏡才看得見。如果我跟你說我有聽到演員嘴裏念什麼臺詞，那麼我就是在說謊。可是有時候一個字或一個句子確實會不經意地傳到我耳朵裏。這個時候我的思想就像一個矯捷的舞者把它當做跳板，一下子跳到遙遠的夢境裏去。你可能會認為說，用這種方式看戲能看出什麼有連貫的劇情才怪。

你如果這樣想，那你就錯了。事實上，我在分神的狀態下用移花接木的手法所編造的劇情反而含藏了一些微妙的涵義，就像那一位古怪的詩人，他第一次欣賞《以斯帖》這一齣戲的時候，看到哈曼跪在以斯帖的跟前哀求她恕罪❾，以為他是在向女王示愛，而且還覺得這是入情入理的事。我想如果人們用這種方式來看戲，那麼每一齣戲都會變得更崇高更完美，連拉辛❿的劇作也不例外。

「臺上的演員看起來全都非常矮小，他們被一輪清晰嚴整的輪廓線勾畫出來，活像美勝聶⓫筆下的人物。我可以把他們全身上下的打扮，包括織品的圖樣、縫線與鈕釦等細節看得一清二楚，就連他們頭上戴的假髮在前額留下的分界線以及用來強化表情的白、藍與紅妝，都逃不過我的眼睛。我注視著這些來自小人國的人物，那種冷峻而明晰的感覺使我想起一些加了透明玻璃框的油畫，感覺魔幻詭異。最後，糾纏我的幻影終於逐漸散去，我彷彿從一個冰冷黑暗的地窖裏逃脫出來，回神之後唯一的感覺就是深沉的疲憊。在我的記

---

9 以斯帖（Esther）與哈曼（Aman）的故事出自《舊約聖經》。波斯大臣哈曼因與猶太人末底改結怨，遂起消滅猶太民族之心。在這危急關頭，神藉皇后以斯帖施行拯救；最後哈曼自食其果。

10 拉辛（Jean Racine），法國劇作家，與高乃依（Pierre Corneille）和莫里哀（Molière）合稱十七世紀最偉大的三位法國劇作家。

11 美勝聶（Jean-Louis-Ernest Meissonier），十九世紀法國學院派畫家。

憶裏，即使是最緊張、最困難的任務也從來不曾讓我心力交瘁到這種地步。」

事實上，大麻的醉態在這個階段最顯著的特色是它在瞬間增強了人感官的敏銳程度，所有透過嗅覺、視覺、聽覺與觸覺產生的印象都變得特別鮮明。眼睛可以看到無限遠的東西，耳朵可以在最嘈雜混亂的環境中聽見最模糊的聲音。幻覺在這個時候登場了。

你發現身旁的物體開始扭曲變形，並且慢慢地替換一套又一套光怪陸離的外衣。接著，模稜兩可的意念引發一連串張冠李戴的誤會與曲解。不同的聲音染上不同的色彩，各種顏色湊在一起變成一段音樂。或許有人會認為說這不值得我們大驚小怪：在一個很浪漫的情境裏，任何健康正常的頭腦都可以輕易地想像出類似的比喻。可是，就像我先前所強調的，大麻的醉態裏沒有任何超自然的現象，它沒有辦法光靠自己來創造出這些比喻與想像。話是這麼說沒錯，大麻還是有它的貢獻：它給這些想像注入一股非比尋常的活力，讓它們以暴君的姿態壓制人們的精神。於是，音符變成了數字，而如果你有一點數學天賦，那麼你所聽到的旋律與和弦不僅會充滿感官之美，而且還會蛻化成一個繁複的數學算式。你的反應變得和數學家一樣敏捷，所以這些多元聯立方程式一下子就被你解開了，那過程輕易的程度連你自己都感到不可思議。

　　有時候你覺得自己的個性消失不見了，在你的心靈裏取而代之的是泛神派詩人逍遙物外的哲學態度。表象世界的物體佔領你的思想，使你渾然忘我，甚至進入到一種莊周化蝶的意境。比如說，你注意到樹枝在風中搖擺所勾畫的曲線十分優美和諧，於是你盯著它看，越看越入神。對詩人而言，這一幅景象頂多是一個隱喻的靈感來源，可是在這短短幾秒鐘的時間裏，它已經在你的腦子裏變成一個確鑿的事實。一開始的時候，你只是把自己的熱情、欲望和憂傷的情緒寄託在這一棵樹上；後來你把它在風中搖擺的姿態與聲音想像成是你自己的姿態與聲音；最後，你整個人變成了那一棵樹。比如說，你看到天空裏有一隻鳥。你把遨遊藍天的願望寄託在鳥身上，然後你馬上就變成那一隻鳥。再比如說，你坐下來吸菸，在無意中看到一抹藍煙從菸斗輕輕飄出來。這一抹藍煙就足夠引誘你的心神跟著它走。「蒸發」這個現象與緩慢、漸進及悠久的概念繚繞在一起，很快就與你的思想合而為一，引起一連串模稜兩可的誤會與曲解。你的菸斗彷彿具有奇異功能，它**把你當成菸來抽**，你變成蜷曲的菸草，在燃燒之後化成一股藍煙。

　　你好不容易回過神來看看牆上的時鐘，才明白這個沒完沒了的異想世界原來只持續了一分鐘，可是思想的洪流又立刻把你捲入另一個動盪的漩渦之中，下一分鐘又變成另一個永恆。這些瞬息萬變的感覺與思想徹底攪亂了你衡量時間的

標準：在一個小時的時間內，你覺得自己已經經歷了好幾個人的一生，而且這些傳奇故事比任何被寫下來的浪漫小說感覺還要真實。你的身體和這些強烈的快感很快就脫鉤了，你的自由不見了。這是大麻最危險的地方，也是它被人詬病的理由。

我希望讀者不要用狹隘的方式來理解我所謂的「幻覺」。醫生所研究的是一種純粹的幻覺，而大麻所引發的精神狀態與感官錯亂的現象和這種純粹的幻覺之間存在一個根本的差異。第一種純粹的幻覺來得很突然而且沒有任何破綻；它令人感到無法招架，也不需要從外在事物中尋找任何藉口或理由。受這種幻覺影響的人往往會看見不存在的形狀或聽見不存在的聲音。

第二種廣義的幻覺就不是如此。它是漸進的，甚至可以說是自願的，因為這個幻覺只有在想像力的驅動之下才會變得成熟而趨近於完美。它與前一種幻覺最根本的差異是在於它有一個藉口。受這種幻覺影響的人如果聽見一個聲音在說些文不對題的話，那是因為一開始真的有聲音在那裏。服用了大麻的人可以看到奇怪的形狀，那是因為一開始真的有一個簡單自然的形狀在那裏，之後它們才變成奇怪或可怕的模樣。

這也就是說，大麻的醉態根植在當下周遭環境裏，而另一種純粹的幻覺卻不然。大麻所激發的幻象再怎麼強勁與逼

真，也抹滅不了它與純粹幻覺這個根本上的差異。

人的大腦一旦中了大麻的毒，它馬上被各種蔓生的詩意夢境玩弄於股掌之間，變成沸騰想像力的玩物。為了讓讀者更具體地了解這個現象，我現在就來敘述另一個插曲。這個故事的主角不是無所事事的年輕人，也不是一個文人，而是一位感觸敏銳的成熟女士。她在好奇心的驅使下試用這個毒藥之後，向另外一個女人描述了她所看到的景象。我照實轉述如下：

「在那瘋狂的十二個小時裏，還有什麼奇怪新穎的感覺沒有被我嘗過！即使如此，說什麼我也絕對不肯再重來一遍了。而且誰知道那到底是十二個小時還是二十個小時？我從來不知道在這麼強烈的精神刺激過後，倦怠感會沉重到那種程度。我會去碰它完全是出於好奇，而且覺得偶爾跟老朋友在一起做些傻事，丟臉獻醜，也不是什麼傷天害理的事情。結果這個幼稚的遊戲還是讓我在心裏產生一種罪惡感。在我開始描述這個經驗之前，有一點我想先跟你說清楚：這該死的大麻是個非常邪惡的東西；我們好不容易擺脫醉意的糾纏，可是那個寧靜的狀態只是一個誤導人的假象；平靜之後馬上又是另一波的興奮。所以那天一直到晚上十點，起起伏伏的醉態還不停地把我搞得暈頭轉向。這個經驗使我感覺充滿生命力，給我帶來很大的快感，可是它也參雜了一種莫名的不安與恐懼。那一天我很謹慎地禁食了，這一番漫長的折

騰結束後，我像一個從很遠的地方旅行回來的人那樣疲憊不堪，吃消夜的時候心情也特別愉快。正當我用餐完畢，還來不及起身，那些奇異的幻想竟然又像貓抓老鼠一般攫住了我，我那可憐的大腦又要再次受那毒藥捉弄。我朋友的城堡離我家其實很近，而且我也有一輛座車，要回家很方便，可是我滿腦子只想盡快向這個不可抗拒的瘋狂意念投降，立刻躺下來睡覺。既然他們這麼熱心地留我過夜，我不加思索便欣然接受他們的提議。可是你知道城堡是怎麼一回事：城堡的主人只維修有人住的那一部分，他會採用現代化的設備與當今流行的設計風格加以更新，**增添居家的舒適感**。至於沒有人住的那一部分則通常沒有經過任何更動而維持了它們老舊的裝飾風格。

「我們決定在沒有人住的部分選一個最小的房間當做我的客房。這個房間很像一個密談室，外表看起來雖然有些斑駁陳舊，卻也有它獨特的韻味。我一定得跟你仔細描述這個地方，這樣你才能夠理解那些異象如何使我喪失時間觀念，進而迫害我一整個晚上。

「這一間密談室很小。它的牆壁與天花板接觸的地方被修成圓角，牆身覆蓋了一些水平的長條鏡子。鏡子之間的裝飾鑲板上有充滿寫意風格的山水畫，四面牆壁的高處則畫了一些寓言故事裏的人物，其中有些人在安安靜靜地憩息，有些在奔跑或飛翔。人物上方畫了一些色彩鮮豔的禽鳥與花

朵，後方畫了一個方格花架，花架很自然地隨著天花板的造型彎曲。天花板上人物與花架之間所有的空隙都貼滿了金箔，整幅畫中央部分的金色表面僅僅被格子架的幾何網狀圖案所截斷。聽我這樣敘述，你不難想像它其實很像一只美麗的籠子，一只靈巧剔透的大鳥籠。湊巧的是那一天晚上的月色皎潔無比，我熄了蠟燭之後，清澈透明的夜光還映照在一整個由金箔、鏡面與豔麗色彩織成的圖畫上，我是透過眼睛實實在在地看到房間裏的裝飾，而不是透過幻想來重現這一幅景象。

「入夜的時候，一大片看不到盡頭的風景在我眼前、身邊，往四面八方伸展開來。我看到一條輕輕流淌的小河，平靜的水面上倒映著綠色的田野，這些倒影呼應了裝飾鑲板上的圖畫，它們在眾多鏡面之間來回反射，形成一種特殊的視覺效果。我一擡頭就看到金色的天花板中央掛了一輪夕陽，它像熔化了的金屬，正要開始冷卻。我感覺自己在一個敞開的房子裏，房子向一整個奇異的世界敞開，然而同時映入我眼簾的方格花架又提醒我是置身在一個籠子裏，這個豪華監獄的金色柵欄把我與這一整個奇異世界分開。我先是覺得這個幻想很可笑，可是我越仔細瞧，那魔幻的感覺就越生動越強烈。那是一種不容置疑的透明現實感。

「從那一刻起，一種幽閉的感覺便籠罩著我的心思，可是它並沒有真的破壞了周遭景象所帶給我的種種樂趣。那是

一個有著奇異地平線的神話世界。在這個神話世界裏面，我被關在這個華麗的籠子裏已經很久很久了，也許有幾千年那麼久。

「我在夢中走進了《睡美人》的故事，體驗那等待解咒的煎熬，想像解放到來的時刻。一些來自熱帶的豔麗禽鳥在我頭頂盤旋，掛在它們脖子上的鈴鐺發出響聲傳到我的耳朵裏。於此同時我也看到遠遠的大路上有一匹馬在那裏躂步。不可思議的事發生了：這兩個感覺融合在一起變成一個單獨的印象——銅製馬具所發出的神祕聲音變成小鳥用它的金喉嚨所唱出來的歌聲。毫無疑問地，這些興致勃勃的禽鳥正在七嘴八舌地評論我這個可憐的俘虜，而旁邊那些像小丑一般蹦蹦跳跳的猴子與半人半獸神則是拿我這個受到詛咒的女囚當做嘲笑對象。眾神用迷人的微笑看我躺在那裏動彈不得，眼珠子轉個不停好像要勾引我的注意，鼓勵我用認命的態度來面對這個魔咒。我看到這個情景，心裏產生一個結論：如果是因為我過去犯了一個無心的過錯與罪孽，所以今天才會受到這樣的懲罰，那麼我至少還可以試著打動神祇的善意，讓祂們在訓誡我之餘還不忘提供給我這些輕鬆的樂趣。照這樣看來，即使在夢中我也沒有完全忘記道德觀念。除了這一點之外，這些鮮明的形狀與色彩完全佔據了我的心思，讓我覺得自己正在一齣神奇的戲劇裏扮演主角，根本沒有餘力去考慮別的事情。這個狀態持續了很久很久。它會繼續到天亮

嗎？我不知道。忽然，早晨的陽光灑滿了房間，使我感到驚
訝無比。我再怎麼努力回想也無法確定，我到底是做了一個
夢還是為了一個詭麗的幻想而徹夜失眠。前一刻還是深夜，
現在卻已是白天！無論如何，我活過的歲月是那麼悠長……
時間的度量不見了，時間的觀念消失了，我只能透過思想的
數量多寡來估計這個夜晚的長短。這夜晚因此而顯得無限漫
長，可是事過之後我又覺得它只持續了幾秒鐘，甚至在時間
永恆的洪流裏沒有留下半點痕跡。

「我不知道你有沒有辦法想像我那深沉的倦怠感……它
是那樣地沒有止境。從前我一直認為那些使我們深受感動的
詩人與藝術家一定擁有非常恬靜的性情，可是我同時又聽說
他們奔放的創造力與我所體驗過的種種幻想非常相似。如果
這一小湯匙的果醬在我身上所產生的效果可以和詩意的狂想
相提並論的話，那麼我必須承認：在讀者樂趣的背後，詩人
所付出的代價是非常高的。最後，我回到自己家裏，也回到
真實生活裏的理性世界，一種平凡的滿足感浮上我的心頭，
使我感到無限舒坦。」

描述這一段經驗的女士思路顯然很有條理。我們可以從
她的故事裏汲取一些細節來進一步說明大麻所引發的幾種最
強烈的感覺。

這位女士把她殷殷期待的消夜比喻成一陣及時雨；那時
候她以為自己已經脫離危險，正在回頭往真實生活的路上

走。如同我先前所說，大麻的醉態裏含有一些斷斷續續、誤導人的寧靜假象，這就是一個例子。大麻引起強烈的飢餓感，使人感到口乾舌燥，可是晚餐或消夜不僅沒有帶來最後的紓解與休息，反而使這些飢渴的感覺變本加厲。這位女士在希望落空的情況下，對於後來頭暈目眩的現象與恐怖的幻想產生更大的反彈。當她了解到抗拒這些幻想只是白費力氣的時候，她選擇了以優雅的姿態無條件投降。是的，那時候連飢渴的感覺都令人感到束手無策，因為醉意把人從物質世界抽離出來了，所有的動作都要花費很大力氣才能夠完成，就連伸手拿一瓶水或舉起一把叉子都像登天那樣困難。

　　在大麻的醉態裏，進食與消化的過程構成整個危機的關鍵時刻，它來勢洶洶，無法抵擋。如果這種狀態一直持續，醉意的下一個階段便會遲遲無法登場，人也會被它壓垮。上面的例子顯示了在新階段裏各種特殊的意象，於散布恐怖氣氛的同時也給人美麗溫柔的感覺，帶來許多慰藉。這個精神狀態被中東人稱做**基耶弗**。世界不再忙著旋轉滾動，代之而起的是天堂的完美與寧靜；汲汲營營的追求停止了，到處泛起一片光輝的榮耀。也許很久以來你已經活得身不由己，在這一刻你會覺得自己沒有必要為它而感到苦惱。事實上，所有關於痛苦與時間的概念都消失了，而如果它們還沒有絕跡，也會經過醉意轉化以另外的形式出現，就好像那些真實的痛苦被詩意轉化成憂鬱幻夢一樣。

　　我轉述這位女士經驗的主要用意在於提醒讀者：大麻所引起的幻覺是個複雜的現象，它反映了存在於當事人四周的各種元素。在這個情況之下，人的精神好比一面反射鏡，真實環境經過它的變形扭曲，換了一個面貌展現在人的眼前。而且這種幻覺伴隨著我所謂的「道德妄想」。當事人想像自己正在參與一場贖罪的祭禮，洗滌他所有的罪過。而如果那是一個容易動用感情的女性，她有可能在不知情的情況下以過度樂觀的態度詮釋自己的感覺，想像奧林匹亞諸神用善意的眼神看待她，可是事實上那只反映了**大麻**鍍彩般的詩意化現象。我不是說故事中這位女士被大麻逼到自責懺悔的邊緣，而是要強調她的思想在參雜了憂鬱與懊悔的情緒之後立刻又染上希望的色彩。我會在接下來的章節裏舉其他例子來印證這一項觀察。

　　這位女士提到隔天倦怠的感覺。這個倦怠感的確會很沉重，可是它並不會立刻顯現。當它真的來臨的時候，卻又讓你感到措手不及。新的一天在你生命的地平線上升起，使你感到無比舒適，心裏感到出奇地輕鬆愉快。可是當你一站起來，殘留的宿醉就像綁在你腿上的鉛球，提醒你淪落成為奴隸的經過。你那孱弱的雙腳怯生生地帶著你的身體四處移動，使你擔憂自己是否已經變成了易碎品，隨時都會跌個粉碎。或許這種慵懶的狀態也有它迷人的地方，可是它像薄霧一樣籠罩你的精神，侵襲你的官能。接下來好幾個小時，你

整個人處在癱瘓的狀態中，什麼事都完成不了。這就是你不知節制、虐待自己的神經系統所得到的懲罰。你的人格被拋向空中，往四面八方散去；現在，你總算知道要把它找回來、重新組合在一起有多麼難了吧！

四　人神

　　到現在為止，我們討論的焦點限於被大麻戲弄的頭腦所見到的異象，接下來我們將開始探討另一個比較嚴肅的主題，也就是大麻對人的**道德感**所產生的影響。

　　我曾經透過幾個人的實際經驗來描繪大麻的醉態，而且把注意力集中在看得到的物理層面上。可是我相信一個具有道德意識的人會更想了解這個毒藥對人的精神層面的影響。每個人都有他一貫的情緒模式與道德標準，而大麻所製造的特殊氛圍會對這些人格特質加以誇大扭曲，這個奧妙的現象與物理學家所觀察到的光線折射定律有相似的地方。

　　一個長期吸食鴉片或大麻的人習慣生活在被奴役的狀態裏，他的意志力也會變得比較薄弱。如果他在這種情況下還有辦法努力把自己解救出來，那就等於是成功地執行了一項了不起的越獄計畫。其他人可能會小心翼翼地避開誘惑，遠離墮落的危險，可是這個越獄成功的囚犯會更讓我感到欽佩。**拴，綑綁，俘虜！❶**只有那些從來沒有見識過這種頹廢慘狀的人，才會覺得英國人描繪鴉片吸食者的形容詞太過於

危言聳聽。事實上，在人的一生裏，責任感或不倫之戀都可能會造成一些命運的鎖鏈，可是它們和大麻的鎖鏈一比都成了不堪一擊的蜘蛛網！大麻的鎖鏈無異是人和他自己所締結的罪孽婚約！麗吉雅[13]的丈夫曾經這麼說：「我已經變成鴉片的奴隸了。它把我玩弄在股掌之間，我所有的工作與計畫都變得如此不真實。」至於獨樹一格的哲學詩人埃德加・愛倫坡，鴉片在他精彩的描述之下呈現迷人的黑暗光彩，他所提供的素材豐富到引用不完的程度，他也成為公認的神祕精神疾病領域的權威。另外，形上哲學家埃格斯，也就是明媚的貝芮妮斯的情人，曾經描述自己的官能如何違反常態，在最平凡的表象世界裏強制加入一些畸形的價值判斷：「有時候，我可以一連思考好幾個小時也不感到倦怠，一段文字旁邊膚淺的註解也足以讓我思索良久。夏天我對著一片奇怪的陰影出神，冬天我歪躺在地毯上，面對燈罩裏筆直的焰心與火爐裏的餘燼注視一整個夜晚到了忘我的地步。一朵花的香氣可以讓我夢想好幾天，一個通俗的字也可以被我用單調的聲音一直複誦到頭腦對它不再有任何反應。這些現象是我曾經在自己身上觀察到最普通的幾個精神錯亂的例子。這些錯

---

12 *"enchained, fettered, enslaved!"* 作者在此處使用英文。

13 麗吉雅（Ligeia）與下文中的奧古斯都・貝德羅（Auguste Bedloe）等皆是埃德加・愛倫坡（Edgar Allen Poe）筆下的人物。愛倫坡為十九世紀美國詩人與小說作家。波特萊爾在1856年集結他的短篇小說，翻譯成法文。

亂的現象雖然有信可徵，可是它們也很難用理性的方式加以分析解釋。」有點神經質的奧古斯都‧貝德羅習慣在早晨出門散步之前服用一劑鴉片，這個每日必備的毒藥使天底下所有的事物在他眼裏都變得非常有趣，包括那些最無聊的事情。這是鴉片所能帶給他的最大好處。「鴉片的效力使表象世界裏一切事物都染上奇異的色彩。抖動的樹葉，青翠的草葉，酢漿草的形狀，蜜蜂嗡嗡的聲音，散碎的露珠，風的歎息，以及森林裏傳來的芳香，所有事物都可以激發深邃的靈感，引起一連串顛三倒四、光怪陸離的狂想。」

根據這些受到幻覺擺布的人描述，鴉片如果不是恐怖大師就是個神祕王子，而用這兩個特質來形容大麻也十分恰當。鴉片和大麻都會剝奪理性思考的自由，使它變成奴隸，可是如果要在這兩者之間挑出一個差別的話，那應該說用「狂想」這個令人感到毛骨悚然的字眼來形容大麻的醉態會顯得特別生動。在大麻的效用之下，人的思想好比一股暗流，任由表象世界裏一連串的隨機因素操控擺布。

大麻使理性思維像無主殘骸一樣四處漂蕩，而千變萬化的思想也像湍流的漩渦一樣**不停加快速度，根本無法控制**。就這一點而言，大麻的效力比鴉片更兇猛，它與規律的生活形成更尖銳的對立，對人的干擾也更大。我不知道一個人服用十年大麻與服用十年鴉片，這兩者哪個帶來的毒害會比較大，但是我相信，如果只談這些藥物的立即效果與隔天的宿

醉，大麻所帶來的災害顯得更為悽慘。如果鴉片是個善於挑逗的情人，大麻就是令人意亂情迷的魔鬼。

我將在最後這一部分描述分析這個既危險又迷人的操行對人的道德感所帶來的傷害。那傷害是如此巨大、危險又可怕，以至於那些僅僅受到輕傷、僥倖活著從戰場回來的人在我眼裏都變成了英雄，就像遊歷過地獄而且全身而退的俄耳甫斯[14]，或者從詭譎的普羅透斯[15]岩洞逃出來的勇士。如果讀者認為我言過其實，我不會介意，可是我還是要一再強調：這些刺激性的毒藥不僅是黑暗之心所擁有的最厲害與最可靠的武器，更是它最忠實的附庸之一。可憐的人類就這樣被它奴役宰制。

為了讓我接下來的任務能夠順利進行，讓讀者可以更輕易理解我的分析，我不再描述一些零星的插曲，而是創造一個虛構的人物，透過他來集中描述一系列的觀察。這個人物的選擇需要我們深思熟慮。根據德昆西的說法，鴉片會令人感到興奮，不會令人感到昏睡，這是很正確的觀察。除此之

---

14 根據希臘神話，俄耳甫斯（Orphée）用琴聲打動冥王哈底斯（Hadès），進入地獄將他的妻子歐利蒂絲（Eurydice）帶回人世。但冥王告誡他，離開地獄前萬萬不可回首張望。冥途將盡，俄耳甫斯遏止不住胸中愛念，轉身確定妻子是否跟隨在後，卻使歐利蒂絲墮回冥界的無底深淵。

15 普羅透斯（Protée）是早期希臘神話裏的海神。每天中午，普羅透斯都會從海中出現，將海豹趕到島上的岩洞裏午休。他有預知未來的能力，但他經常變化外形使人無法捉到他：他只向逮到他的人預言未來。

外，鴉片還會順著服用它的人的自然傾向提供相應的刺激，也就是說，想要透過一個牛肉商人的夢來觀察鴉片神奇的效用肯定得不到任何結果，因為這個牛肉販子所能夠夢到的除了牛就是牧場。如果我找來一個被大麻薰醉的牧者，請他據實描述他那粗糙的幻想，試問有誰會從中讀出任何樂趣？我想連願意花時間讀它的人也沒有。那是為什麼我選擇了極化的手法，以理想化的形式來描繪大麻的效力，這好比把四散的半徑集合起來放到同一個圓圈裏，而我剛才所提到的適當人選便是這個充滿戲劇張力的圓圈。這種人如果活在十八世紀就會被稱為**敏感的靈魂**，用十九世紀浪漫學派的話來說便是**邊緣人**，當今的中產階級家庭則很可能會用「奇才」一類的字眼來形容他。

大麻的醉態在一種人身上發揮得最為淋漓盡致：這個人兼具神經質與暴躁易怒的個性。我們可以想像他接受了良好的教育，對於形態與色彩原理十分熟悉，而且還擁有一顆敏感的心。雖然一些不愉快的往事使他感到有些意興闌珊，他還是樂意隨時從年輕人的角度來看這個世界。如果你不介意，我們甚至可以允許他的過去有一些瑕疵。這麼多愁善感的人如果不是常常在懊悔發生過的往事，也會癡心幻想一些沒有發生過的事情，不停地歡惋那些被浪擲了的光陰。除此之外，如果這個人喜歡研究形上學，熟知各派哲學對人類命運所提出的不同假設，那是最好不過了。事實上，現在流行

的兒童讀物不都在努力發揚這些屬於禁欲主義與神祕學派的抽象美德嗎？所以設想說這樣一個人會秉持卓越的情操去攀爬美德的高峰，絕對是合情合理的事。最後，這個人的感覺一定很深刻敏銳，那是不說自明的必然條件。這樣一來，我想現代靈魂所能擁有的最普遍的敏感特性都集中在這個人身上了；我們可以把它稱為**原創性的普遍形式**。當這個人被大麻的效力逼到極點，他會表現出什麼反應？這就是我們現在所要觀察的現象。我們會緊緊地跟著他的想像力，亦步亦趨來到他那華麗無比的祭壇前，看他對於自身的神性有什麼特別值得一提的信念。

假如你是屬於這一類型的人，你天生對形態與色彩的喜愛便可以在大麻醉態最初的階段裏找到一個廣大的牧場，自由馳騁。

在那裏，各種令人感到興奮的色彩以征服者的姿態進駐你的腦海，天花板上任何精緻、平庸甚或拙劣的圖畫所展現的力量都會讓人感到吃驚，連最不起眼的小旅館牆上的粗糙壁紙看起來都像一幅精彩的透景畫，充滿立體感。在一片恍惚之中，你發覺肌膚光鮮的仙女用一雙水汪汪的大眼睛注視著你，那眼神比天空和湖水還要深沉清澈。一些穿著道袍或軍服的古代人和你四目相對，以莊嚴的眼神和你進行無聲的交流。你眼裏所看到各種彎曲的線條變成了一種祕密語言，被你拿來解讀靈魂深處的焦慮與渴望。在這個不穩定的精神

狀態裏，所有的物體都變成意義深遠的象徵符號，許多生命深層的問題透過你眼前極為自然而平凡的場景赤裸裸地呈現出來。傅利葉[16]與斯威登堡[17]，一個透過類比分析，另一個透過對應理論，化身成為動物與植物，藉助形態與色彩對你展開一段精彩無聲的演說。你忽然覺得寓言故事其實可以傳達很深刻的智慧。事實上，寓意畫這種充滿精神力量的藝術風格原本是最純真自然的表達詩意的途徑之一，只可惜一些拙劣的畫家採用這個畫風的結果使我們對它產生一種負面的評價。現在，人的智慧經過大麻的醉態點化後，讓寓意畫重新回到它的寶座上。

大麻和寓意畫一樣在生命各個面向蓋上一層透明漆，所有事物都因它而披上莊嚴的色彩，所有的景色都顯得特別深邃，閃閃發光。崎嶇的山水，消逝的地平線，被暴風雨漂洗變白或被落日照亮的城市都指向畫幅深處，形成空間與時間深度的隱喻。如果你恰好走到一個劇院裏，吸引你的會是演員的舞蹈、手勢或臺詞。如果你手上恰好拿到一本書，吸引你的就會是第一個映入眼簾的句子。世界上所有的物件以你從未想像過的嶄新光輝在你眼前展現它們的普遍性。就連枯

---

16 傅利葉（Joseph Fourier），十八世紀法國數學家、物理學家，提出傅利葉級數，並將其應用於熱傳導理論上。

17 斯威登堡（Emanuel Swedenborg），十八世紀瑞典科學家、神祕主義者、哲學家和神學家。

燥的文法也變成一種喚神的巫術。所有的字都重新添上血肉而復活了。名詞顯得尊貴而穩重，形容詞像透明的羽衣與畫幅上透明的蛋彩，動詞則是活躍的天使，使句子舞動起來。至於慵懶的人或是個性沉潛的人，音樂會是他們在閒暇時所樂於使用的第二種語言。你是它談論的主題，它訴說的是你生命的詩篇；它變成你的一部分，你融化在它裏面。如果說你習慣在歌劇結束後的應酬晚會裏使用模糊閃爍的字眼來分享你的熱情，那麼大麻的音樂便完全是另外一回事。它用具體而肯定的方式讓每一個小節回應你靈魂的節拍，讓每一個音符變成一個字，於是一整篇詩章便像活生生的字典進到你的腦子裏。

　　值得一提的是，大麻的醉態完全沒有現實世界裏那些混亂刺耳的雜音來打亂我們的心思。人類內在心靈的慧眼點化所有事物，補足它們的缺憾，使它們完美無缺並贏得人們真心喜愛。

　　大麻的醉態在這個階段充滿感官的誘惑；某些藝術家受到它的激發而對各式各樣的水景產生洶湧的愛意，不管那是清澈的、流動的還是幽靜的水。所有的鏡子都成為走進這個夢鄉的藉口。在夢中，強烈的精神飢渴伴隨著肉體上口乾舌燥的感覺；流逝的水、纖巧的噴泉、和諧的瀑布與無垠的藍色海洋，這一切都在無法言喻的魅力驅使之下滾動、歌唱、入睡。水像一個四面漫開的仙女。雖然我不太相信大麻能引

起任何猛烈的瘋狂舉動，我也不能打包票說讓一個愛上水晶世界的靈魂站在清澈深邃的水井旁邊沉思不會有任何危險，或者說關於水仙的古老寓言[18]不會在熱情奔放的人身上變成真實的悲劇。

我用了不少篇幅來描述大麻如何使時間和空間這兩個緊密相連的概念呈現畸形的膨脹，以及人的精神在這個現象面前如何表現得不卑不亢，沒有悲傷也沒有恐懼。它以唯美憂鬱的眼神朝向無垠的地平線望去，看穿層層堆積的前塵往事。讀者不難想像，這個無法抵擋的膨脹現象也適用於所有的感情與思想，包括我先前詳細描述過的善意的例子，也包括了人們對美麗與愛情的想像。在我所設想的理想人物的性格裏，美麗的觀念當然佔據了一個重要的地位。而對於沉浸在大麻醉態裏的人而言，線條比例的和諧感與各種律動之間的均衡節奏，不僅是一種必要，也是一種**責任**。這個必要性與責任不僅適用在萬物上，也適用在他自己身上，因為在這個關鍵時刻，他必須動用夢想者的奇異稟賦來體現世間不朽的定律。如果這個唯美的激進分子長得不夠俊美，他不會把它當成推翻不了的既定事實來忍受，更不可能認命地持續扮演一個不協調的音符來破壞這個理想世界的美麗與和諧。大

---

18 根據德國神話，水澤仙女汪汀（Ondine）愛上凡人勞倫斯，後者用情不專，結局以悲劇收場。

麻的醉態裏存在許多精彩的詭辯，而且它們往往帶有濃厚的
樂觀傾向，輕而易舉地把主觀欲望轉變為客觀事實。這種情
況在日常生活裏並非不存在，可是在大麻的助興之下，它會
顯得特別熱情奔放而且靈活巧妙！因此，一個美感的忠實信
徒對於和諧與平衡的要求是這麼高，他怎麼可能容忍反例來
破壞自己的理論？為了修正那些礙眼的醜陋景象，所有美好
的道德感、恩典的魅力與無礙的辯才等思想工具都成為他動
員的對象，為的就是求得自我安慰，即使在最後淪為假想權
杖的諂媚者也在所不惜。

　　至於對愛情的想像，我知道很多人像好奇的中學生一樣
到處找機會向那些習慣於使用大麻的人探聽。

　　原汁原味的愛情已經足以使人心神蕩漾，如果把它囚禁
在另一個醉意裏，不就像是把火熱的太陽包在另一個太陽
裏，那會是什麼樣的奇景？在知識分子的社交圈裏有這麼一
大群喜歡看熱鬧的人，他們腦子裏就滿是這樣的問題。這個
問題包含了一些關於性愛的曖昧影射，所以我建議讀者直接
參考老普林尼❶的著作；他針對大麻特性所做的描述足以驅
散所有圍繞這個話題打轉的幻想。我們知道，若是濫用藥物
來刺激身體而對神經系統需索過度，通常會造成神經鬆弛的

---

19 普林尼（Pline），古羅馬作家、科學家，以《博物志》（*Naturalis Historia*）
　一書留名後世。

後果。我們現在先撇開愛意，只探討激情和敏感度的強弱，並且設想一個神經質的人被大麻薰醉後，他的想像力被推向巔峰的景況。我們可以說，最強的暴風雨是如何難以估量和駕馭，這個人感官高亢的程度就多麼難以形容。在這種狀態之下，即使只是握個手，人的靈魂與感官也會賦予這個輕柔無邪的接觸一個不成比例的價值，而且馬上陷入癱瘓的狀態，這就是凡夫俗子所能夠想像得到幸福的最高境界。無論如何，有一點是毋庸置疑的：經常沉醉在愛情甜美感覺裏的想像力可以幫助大麻喚醒無數溫柔的記憶，甚至使過去的痛苦與不幸都散發一股新的光輝。另外一個真理則是：這些精神的躁動裏混合了一股強烈的感官情欲，這使得伊斯邁教派⑳（也就是哈士申暗殺者的祖先）偏離了對林伽的信仰㉑，開始對象徵世界裏陰性的那一半部分產生絕對偏執的膜拜，而這一點也說明了為什麼人們認為大麻具有悖德特性的原因。人們在面對淫穢的異教與畸形發展的邪教時，把它們的源頭歸咎於一個孱弱的精神狀態，自以為清高地看它向魔鬼般的毒

---

20 伊斯邁教派（Ismaïlites）是誕生於中古世紀的伊斯蘭教社會運動，對其後的宗教信仰與政治思想帶來長遠的影響。

21 林伽（lingam）為印度教濕婆派和性力派崇拜的男性生殖器像，象徵濕婆神。林伽呈勃起狀，以約尼為底座，約尼是女性生殖器像，象徵濕婆的妻子。印度教認為林伽代表生命，象徵生殖、創造的超自然神力，是宇宙之源和最高力量的象徵。

藥投降，自求毀滅，那也算是很自然的事情。

　　稍早我們已經見識到大麻醉態所引發的善意可以普及到陌生人身上，那種害怕讓任何人受到折磨的慈善意識並不是以愛為出發點，而是被惻隱之心所驅動（邪惡的精神在這裏初次發芽，進而四處蔓延）。假如這善意的對象不是一個陌生人，而是一個在病人的感情生命裏扮演了重要角色的愛人，那麼我們不禁要問：這個專心致志的火熱情緒會發展到什麼地步？各種儀式、禮拜、禱告與幸福的夢想好比高空煙火裏五彩繽紛的顏料，它受到野心的激發而向上飛騰，在散發絢麗奪目的光芒之後消失在夜空中。同樣地，一個淪為大麻奴隸的人可以把愛的情緒套用在各式各樣的感情組合裏。

　　這些感情之中，有一種是帶有父性色彩提供保護的心態，它還可能會夾帶了不可取的感官樂趣。大麻可以輕易地驅逐這種罪惡感，但是它的效力並不止於此。有些人在過去曾經犯下一些錯誤，他們的心靈也因此而畫上一道傷痕，就像那些浪蕩的丈夫和情人在想起一波三折的往事時不免會感到悲傷一樣。可是，在大麻的效力之下，這些痛苦竟然慢慢轉變成溫柔的回憶，急於尋求和解的心態使他的想像力變得更加靈活巧妙，悔恨的情緒也在這一齣滿是冗長獨白的內心戲裏以挑逗的姿態重新點燃邪惡熱情的火焰。是的，就連悔恨的情緒也逃不過大麻的戲弄！我曾經說過，對於具有深刻哲學涵養的人來說，大麻是魔鬼上選的嘍囉，這樣說還不夠

清楚嗎？悔恨是一種製造樂趣的特殊原料，當人們開始以充滿情欲的思維去分析它的時候，它會像迷幻藥一樣溶化在這個思維裏。這個思維轉變得非常快，使得具有魔鬼傾向的人類察覺不到他自己的思想失控的事實，也看不到他邪惡的本質隨著每一秒鐘過去都被提煉得更精純。於是，正當他陶醉在自己的悔恨之中、自以為很光榮的時候，他的自由已經悄悄地流逝了。

就這樣，我所創造的理想人物達到一個喜悅寧靜的境地，使得他**無法不**陶醉在對自我的愛慕情緒裏。至少從表面上看起來，所有的矛盾都消失了，所有的哲學問題都變得簡單明瞭。所有的事物都成為樂趣的源頭。當下的生命使他感到無限圓滿，也使他感到無比驕傲。他心裏響起一個聲音（唉，是他自己的聲音）說道：「現在，你有權自認高人一等；沒有人能夠完整地理解你的思想與情感，他們甚至想像不到自己在你心裏所激起的憐憫與善意。你走在路上，沒有人認出你這個國王，一個活在自己一個人的信念裏的國王。那又有什麼要緊？你對他們的睥睨不就足以使你的靈魂顯得無比高尚嗎？」但是這個幸福感也有可能因為一兩個負面回憶的出現而受到損壞。事實上，很多愚蠢卑鄙的往事被我們藏起來，而表象世界任何一個輕微的暗示都有可能使他想起這個不堪回首的過去，玷污他身為國王的高貴自尊。還好大麻的魔力可以給人十足的勇氣去面對這些來自過去的鬼魂，

駁回它們的譴責，甚至從這些可憎的回憶裏萃取樂趣與驕傲的新原料。那一條祕密思路是這麼走的：最初的痛苦感覺消退了之後，這個人便以好奇的眼光分析當時所發生的事。可是他的回憶卻在這些事件與情感旁邊任意加上了榮耀的光環，使得他看不清楚當時自己的動機與四周的情境。而如果他找不到足夠的理由來化解或洗滌他的罪惡，他也不覺得有什麼好感到可恥的！

當我這樣分析他的思路的時候，我感覺自己好像正在透過玻璃外殼來觀察一個機械構造：「這個荒謬、懦弱或卑鄙的往事在我的記憶裏沒來由地出現，可是它完全不符合我真正的本性。現在我這麼強烈地譴責它，用這麼嚴厲的眼光來分析它、審判它，不就證明了我德行與情操有多麼高尚嗎？這麼勇於自我批評與審判的人，在這個世界上能找到幾個呢？」

他不只自我審判，而且還以此為榮。他就這樣憑著對理想化了的品德的沉思就把一個難堪的回憶給化掉了。他假借理想化了的慈善心與才情虛偽地反省，並且抱著犬儒的心態放任自己陶醉在精神領域的勝利氣氛中。他既是懺悔者，又是聽告解的神父，一個人同時扮演了兩個角色，篡奪赦免權，也褻瀆了懺悔的神聖性，而更糟的是他從對自己的審判裏找到讓驕傲馳騁的新牧場。

現在，他把沉思的對象轉向他的夢想與一些美德的實現

計畫，這個沉思又使他很快地下結論說他有能力去實踐這些美德。他用談戀愛的熱情去擁抱這個美德的幻想；在他看來，這已經可以充分證明他勇於實現理想的男子氣概。夢想與行動完全被他混為一談，他的想像力看他被修正而且理想化了的本性看得入迷了，就拿這個迷人的自我形象代替真實世界裏那個沒有骨氣又愛慕虛榮的自我。最後，他用簡潔扼要的頌詞頒發給自己一個最高榮譽：「**我是全世界品德最高尚的人！**」天底下所有想像得到的可憐樂趣都包含在這幾個字裏頭了。

親愛的讀者，您讀到這裏的時候，有沒有想起一個叫做讓・雅各的人[22]，他向全世界告解了之後，也是以類似得意的口吻與誠懇的信念大言不慚地發出勝利的呼喊（即使不完全一樣也所差無幾）？他用無盡的熱情推崇美德，每每在看到一項被實踐的美德，或者想到他曾經企圖要實踐的無數美德的時候，眼睛便充滿興奮激動的淚水，同時對自己的道德價值產生一種至高無上的評斷。讓・雅各不必使用大麻便已經醉倒了。

這個關於勝利偏狂的分析還需要我加任何補充說明嗎？我這個理想人物在藥物的控制之下很快便自認為是宇宙的中

---

22 讓・雅各・盧梭（Jean-Jacques Rousseau）是十八世紀瑞士裔法國思想家、作家、政治理論家，主要著作包括1788年出版的《懺悔錄》。

心；他不是早已經變成「熱情將所有事物牽扯到自己身上」這一句諺語的最佳寫照了嗎？他對於自己的品德和天分產生絕對的信心，這樣的發展讀者會猜不到嗎？他周遭所有的物件都染上象徵的色彩，在他內心激起一整個思想的世界，那些微妙的思想非常生動而且多彩繽紛，好似上了一層魔幻的透明漆。他對自己說：「這些美麗的城市裏層層疊疊的建築物好像舞臺上逼真的布景，而那些船被海灣裏慵懶的浪潮搖晃擺動，充滿懷舊的氣氛，好像在傳達我們內心的思想：什麼時候出發航向幸福的國度？這些博物館都充滿了美麗的形態與色彩，圖書館也都堆滿了繆斯女神所激發的夢想與追求科學的熱情，聚在一起發出和諧聲音的美妙樂器，迷人的女士，她們懂得如何藉著裝扮與眼神來增添自己的魅力……所有這些事物都是為我而造，**為了我，為了我**！是為了我，為我那對情緒、知識與美感永不妥協的渴求，人類才會如此辛勤地工作，**犧牲奉獻**，營造一片馳騁的牧場！」讀者不需要我再多說便已經很清楚這個夢想者腦子裏的終極思想會是什麼：「我變成神了！」一個熱切狂野的聲音從他的胸膛充滿爆發力地迸出來，如果一個醉醺醺的人的意志力與信仰有實際效力的話，這一聲呼喊足以使天上的天使跌破眼鏡，大栽觔斗：「我是神！」可是，很快地，這個有如龍捲風的驕傲呼聲變成了充滿幸福感的溫和熱度，那麼寧靜、無聲、祥和，所有的事物都以燦爛朝陽下鮮明的光輝呈現出來。這個

可憐快樂的人腦子裏可能會不小心浮現一個模糊的回憶：神，不是還有另外一個嗎？你可以確信他會在另一個神面前站得直直地申辯他的意志力，勇敢面對而且一點也不畏縮。有一個存心取笑德國現代思想的法國哲學家不是說過這樣一句話嗎：「我是吃了一頓倒胃口的晚餐的神。」這一句諷刺對於一個受大麻蠱惑的精神實在不構成任何傷害。他會以平淡的口吻回答道：「這一頓晚餐確實有點糟糕，但我是一個神。這是錯不了的。」

五　道德

　　只是，隔天的宿醉正等著你！你身上每一個器官都累極了，每一條神經都鬆弛了；泫然欲泣的情緒與散漫的注意力，所有這一切都強迫你面對一個殘酷的事實：你玩了一個禁忌的遊戲。自然萬物卸卻它們前一天的光彩，恢復它猙獰的面目，有如宴會過後令人心碎的狼藉場面。

　　在這個禁忌的遊戲中，沒有任何珍貴的官能比意志力受到更嚴重的創傷。人們相信大麻並不會對身體構成任何危險，即使有也不會是什麼嚴重傷害。這個說法不算錯。但是，如果一個四肢健全的人成天只會做夢而完成不了任何的事情，你能說他很健康很正常嗎？根據我們對人性的了解，如果一小湯匙的果醬能夠讓一個人在瞬間得到天底下所有的好處，那麼再怎麼微小的努力對他而言都是過分的要求。如果一整個國家的人民都吸食大麻，你想像得到那會是什麼樣的國民，什麼樣的戰士，什麼樣的立法者嗎？在東方，即使大麻已經成為人們生活的一部分，有些政府已經徹底了解到那是不能不禁止的東西。事實上，大麻最受人批評的地方是

它引誘人類擾亂了他的官能與周遭環境的自然關係，破壞了他生存的首要基本條件。而如果他還是執迷不悟地打亂命運的安排，企圖用新發明的宿命加以代替，那麼他便是在智性上自甘墮落，自取滅亡。梅爾莫特[23]的遭遇便是一個鮮活的例子。一方面，他與魔鬼撒旦立定契約，得到現成的奇異稟賦，而另一方面，他做為神的造物，無法離開神為他造的世界而存在。這個劇烈的反差便是他慘烈苦難的來源。他想盡辦法引誘別人用相同的代價來買他的特權，可是沒有人願意跟他做這一筆生意。在某種意義上，所有否定生命處境的人都出賣了自己的靈魂。詩人鬼斧神工的創作和那些受刺激性藥物控制的人，這兩者之間並非沒有任何關聯。

人想要變成神，但是一個無法掌控的道德律法使他在瞬間墮落到比他實際本性還要低賤的地位。他的靈魂被廉價賤賣了。

毫無疑問地，巴爾扎克[24]相信一個被剝奪了意志力的人最能夠代表人類深刻的恥辱與痛苦。我曾經在一個特殊的場合裏見過他。他很專心地聽取在場人士關於大麻效力的討

---

23 梅爾莫特（Melmoth），十九世紀初愛爾蘭作家查爾斯・羅伯特・馬丘林（Charles Robert Maturin）筆下人物。馬丘林作品以歌德小說著稱，故事內容常涵蓋恐怖，神祕，超自然，厄運，死亡，家族詛咒等元素。

24 奧諾雷・德・巴爾扎克（Honoré de Balzac），十九世紀著名作家，法國現實主義文學成就最高者，被稱為法國社會的「百科全書」。

論，還不時提出一些問題。認識他的人會了解到他的興趣不是假裝出來的。對於大麻可以讓人的思維脫離控制而自行運轉這一件事，他感到十分不以為然；這時候有人拿了一些達瓦麥斯克給他看，他嗅一嗅，仔細瞧一瞧，沒有摸就退還給那個人。我很清楚地記得當時他內心激烈的衝突完全表現在臉上：一方面感到很好奇，另一方面又感到非常不屑，因為人失去意志力就等於失去了尊嚴。最後獲得勝利的是他對尊嚴的熱愛。畢竟在精神領域裏他有如路易・藍柏[25]的攣生兄弟，要這個理論家同意割捨**意志力**的任何一塊領地，就好像割了他的肉那樣困難。

隨著科學進步，現代人可以藉助以太和氯仿的神奇效用來減輕那些避免不了的痛苦。可是我相信從精神學派的角度來看，不管是什麼樣的現代發明，如果它對人類的自由意志造成威脅，到最後一定會導致道德萎縮的後果。曾經有一位軍官向我描述了一個令人肅然起敬的故事。這個弔詭的故事發生在埃爾阿古瓦，醫生為了救活一個受重傷的法國將軍，使用氯仿動緊急手術，但結果還是回天乏術。將軍的勇氣與道德是毋庸置疑的；他的靈魂充滿了正統的「騎士精神」。「他所需要的不是氯仿，而是整個部隊官兵的注目與雄壯的音樂。如果有這些東西，或許他不至於死掉！」外科醫生大

---

25 路易・藍柏（Louis Lambert），巴爾扎克筆下小說人物。

概不會認同這個軍官的說法,可是隨軍神甫[26]很可能會認為他的靈魂很高貴聖潔。

在這麼詳盡地描述了大麻的醉態之後再來強調它敗德的屬性,便顯得有些畫蛇添足。大麻是一種慢性自殺,一把隨時沾染了鮮血的利刃:我相信沒有任何一個明理的人會反對我這樣的比喻,也沒有哲學家會抗議我拿它與魔法相提並論,因為大麻和巫術一樣,使用一些無從檢驗的祕訣在物質上動手腳,以便征服一個凡人不配達到的崇高地位。這是為什麼教會要嚴厲譴責巫術的緣故,因為後者違反上帝的旨意,企圖一下子泯滅時間的作用,讓純潔與道德變成無足輕重的品行。教會認可的是透過虔誠與恆心所追求得來的寶藏,那樣得來的報償才是正當而真實的。為什麼我們會把某些賭場裏的玩家稱為騙子或老千?因為他們投機取巧,玩弄伎倆,保證自己只贏不輸。那麼,一個認為幸福感覺與天才稟賦可以靠一筆小錢買到的人,我們又應該用什麼字眼來稱呼他們呢?大麻之所以會被人當做是一種敗壞道德的東西,最根本的原因或許來自於這個手段屢試不爽的確定性,就好像一個沒有破綻的魔術,人們會一口咬定那是魔鬼的產物。大麻和其他所有孤獨的樂趣一樣,享受它的人對社會上其他

26 隨軍神甫(aumônier)獨立於軍隊的指揮體系之外,其任務是照顧軍隊官兵的身心健康。

人而言是可有可無的,而整個社會對他而言也變成多餘的東西。每一天,這個樂趣都來引誘他去探望那個光明的深淵,端詳自己的臉孔,不停地自我欣賞,自我陶醉。

話說回來,如果有人願意以他的誠信做為擔保,聲稱他只借用大麻來獲得一些有益於精神的催化劑;他不僅不會讓大麻來危害他的尊嚴與自由判斷,還可以把它當做激化思想的實用機器:這個做法有任何值得非議之處嗎?這一個問題時常被提出來,我在這裏給讀者一個明確的回答。第一,我先前已經花了很多篇幅來解釋,人透過大麻所看到的是被放大到極點的個別現象,可是這個現象僅僅反映了他自己。人們在嘗過大麻引起的狂歡情緒之後,通常會戀戀不忘,一再回想,也很自然地期望從這些豐富的意念中拾取一些**有用**的東西。可是這些意念雖然插滿了令人眼花撩亂的夢幻旗幟,它們畢竟只是來自於塵世,而不是來自天堂。它們美麗的外表只是一種偽裝。人們之所以會趨之若鶩,可以說是受到他自己身心狀態的愚弄:從生理的角度來看,他們的神經處在一個極端興奮的狀態,而從心理的角度來看,貪婪的妄想讓他們把所有會發亮的東西都看成寶貝。這個期望構成一個惡性循環,因為即使大麻真的有激發天才稟賦的神奇效力,它那削減人類意志力的本性是不會消失的。它用右手給你東西,再用左手拿回去。對於這一點,人們似乎一直很健忘。大麻賜予人類豐富的想像力,人們卻沒有任何工具從其中撈

到任何好處。就算這個人很正直，可以盡全力來避開墮落的傾向，我們還是得未雨綢繆，提醒他另一種宿命的恐怖陷阱：所有會成癮的習慣都會造成某種依賴性，一開始**可有可無**的東西，很快就會變成不可或缺的**必需品**。一個人如果開始藉助藥物來思考，那麼，很快地，你不給他藥物他就完全沒有辦法思考。一個缺了大麻或鴉片就思想癱瘓、想像力麻痹的人，他的命運將會有多麼悽慘！

從哲學的觀點來看，人類精神發展好比星辰的運轉，它遵循一條軌跡前進，這一條軌跡最後會帶它回到出發點；做一個結論便好像是在畫一個完美的圓。在這本書開始的時候我描述了一個神奇的精神狀態，並且暗示了人的心思彷彿受到一種特殊恩典玩弄。這個心思懷抱著一個往無限高超的方向提升的希望與熱情，而且在每一個國家、每一個時代都表現出一股對物質世界高昂的興味，包括那些危險的物質。他受到這些物質的煽動，集合所有的欲望在眼前創造出一個虛幻的應景天堂。在這個時候，他的精神力量不知危險為何物，在不知情的情況下把他推向地獄的深淵。人類精神的偉大就是這麼獨特。

可是，即使要去叩天堂的大門，人也沒有落魄到必須藉助藥物和巫術的地步來尋求旁門左道達到他的目的。他不需要出賣自己的靈魂以購買天界仙女醉人的擁抱與情意。如果進天堂的代價是放棄永恆的救贖，那會是什麼樣的天堂？設

想一個處在精神最高境界的人（婆羅門祭司，詩人或基督教哲學家？），他周圍的繆斯女神好像從拉斐爾或蒙田納❷畫裏走出來一樣，她們跳著最高貴的舞蹈，獻給他最溫柔的眼神與最燦爛的微笑來報答他虔誠的禁食與禱告；智慧之神阿波羅（弗蘭卡維拉的，丟勒的，高茲斯的或其他任何人的都無所謂。每一個夠格的人不都有他的阿波羅嗎？）輕輕用他的長弓撥動他琴上最動人的那一根弦。他俯瞰山腳下在荊棘和爛泥中間打滾的人群，看這些盲從的傻子假扮享樂的鬼臉，聽他們被毒藥咬住的喉嚨發出淒厲的呼喊。阿波羅不禁感慨地說道：「這些沒有福氣的人，不禁食也不祈禱，拒絕透過工作來尋求救贖，妄想藉助黑色魔法一下子把自己提升到超然的境界。他們被魔法騙去追求虛假幸福的虛假光輝，而我們這些詩人與哲學家，我們透過不懈的努力與沉思使靈魂獲得新生，透過不懈的意志力與不變的高尚追求，對『精神力量可以移山』的神諭堅信不疑。所以，我們為自己創造了一個真實的美麗花園。上帝只允許我們完成這一項奇蹟，而我們確實做到了！」

---

27 拉斐爾（Raphaël）、蒙田納（Mantegna）與下文中的弗蘭卡維拉
（Francavilla）、丟勒（Albert Dürer）、高茲斯（Goltzius）等皆為歐洲文藝
復興時期偉大畫家。

鴉片吸食者

一 婉轉的措辭

「啊，公正、微妙、偉大的鴉片！你不分貧富貴賤，為受苦的人們帶來安慰的解藥，醫治那些不結疤的傷痕，撫平精神折磨的焦慮。啊，能言善道的鴉片！你用美麗的辭藻平息人們的怒氣，使衝動的決定化解於無形。一個充滿罪孽的人來到你面前，你會趁著溫柔的月夜讓他找回年輕時的希望與一雙沒有沾染血跡的純潔雙手；而面對一個驕傲的人，你會讓他暫時忘記沒有扳回的損失與沒有回敬的侮辱；你在夢鄉的法庭上揭穿偽證，否決無能法官的裁判，帶領那些被犧牲了的無辜子民登上勝利的寶座；你以大腦的想像做為磚石，把偉大的城市與神廟建在黑暗之神的胸膛上，設計精巧不亞於菲迪亞[28]與布拉希鐵勒[29]，氣勢輝煌勝過巴比倫與赫卡托比羅斯；在一個夢境不斷的混亂睡眠裏，你讓日光重新照亮遠古美人的臉孔，讓那聖潔的熟悉身影卸盡墳墓的污

---

28 菲迪亞（Phidias），紀元前五世紀古希臘雕刻家，一般公認為最偉大的古典雕刻藝術家。

29 布拉希鐵勒（Praxitèle），紀元前四世紀古希臘雕刻家。

穢，重見天日。單單是你就足夠給人所有這些寶藏；你是天堂的鎖鑰，啊！公正、微妙、偉大的鴉片！」作者發揮無比的勇氣，以鴉片神聖的名義激動地發出愛的呼喊。可是，在那之前，他費了多少心機來為他的警世箴言鋪路！他在書的開頭所鋪陳的婉轉措辭，代表所有做了有損顏面的事而需要告解的人的心聲，彷彿想要將計就計，用告解換來一點自我安慰：

「我用虔誠的態度很認真地嘗試完成這一篇懺悔錄，這樣我比較能夠說服自己：讀者會覺得它讀起來不只是有趣，而且很有益。我希望讀者會從這本書裏得到很大的啟示。

「這個願望是鞭策我寫這篇回憶錄的動力，同時也是我打破禁忌來談論這個主題的原因。事實上，大多數的人以這個禁忌做為藉口，絕口不在公眾面前曝露自己的錯誤與缺點，而且如果你了解英國人的習性，你會知道他們最討厭的莫過於那些沒有經過我們同意就把自己道德的傷痕與膿疤披露在我們眼前的人，因為隨著時間過去，加上我們對人性弱點的理解與寬容，這一切都使人們默許遮羞布的存在，如果強行把它揭開便會招來譴責的眼光。」

他接著說道，罪惡與悲慘世界通常會遠遠地躲開眾人的目光，不與一般人混在一起，甚至在墓園裏也不例外，它們佔據一個卑微的角落，放棄做為人類社會大家庭一分子的權利。可是，**鴉片吸食者**描述的重點不是罪惡的行為本身，而

是人性的脆弱。而且這個弱點是多麼地值得原諒！作者透過一篇自傳體的描述，開章名義確定這個立場。他希望讀者能夠體會他付出了多麼高的代價才換來書裏面所記載的經驗，而且這個經驗對讀者所帶來的貢獻足以彌補這本書對社會道德有所忤逆的地方，使讀者願意網開一面接納這一本與眾不同的書。

如果說鴉片吸食者是一群鮮為人知的神祕人物，那麼這一篇獻給讀者的引言可以讓我們獲得一些初步的概念。他們在奔波忙碌的人群裏自成一個冥想的國度，而且他們的人口並不少，比我們想像的來得多。

這些人裏面有些是教授，有些是哲學家，有的是擁有爵位、佔據崇高社會地位的名流，也有在政府擔任要職的人。如果這麼多來自上流社會的鴉片愛好者都在沒有經過特意安排的情況下與作者結識，那麼推算到整個英國的人口，那數字將會是多麼可怕！有三個在倫敦的偏僻地區執業的藥劑師在1821年就已經提到鴉片**愛好者**驚人的數量，有些人為了療養的理由而使用鴉片，有些人則是為了不可告人的理由來購買，分辨這兩種人是令他們每天都感到頭痛的難題。我們可以確定的是，鴉片已經不是上流人士的專利，它也對社會底層各色人物展開攻勢。每到星期六下午，曼徹斯特藥鋪裏的櫃檯上便擺滿了調配好的藥丸以應付當晚客人的需求。對於找樂子的工人階級而言，縮水的薪資使酒精飲料變成一種

奢侈品，相較之下鴉片就成了一種經濟實惠的娛樂。但是鴉片可不是隨隨便便的替代品：如果薪資調漲了，英國工人也不會拋棄鴉片而重新投入酒精的懷抱去滿足於那種粗糙的快感。只要你開始去碰鴉片，啟動它的誘惑力，你的意志力就會被馴服。快樂的感覺變成忘不掉的記憶，沒有盡期的獨裁統治就從這裏開始了。

　　這些工人所擁有的，是被單調無趣的工作所磨鈍的粗鄙靈魂。如果鴉片可以給他們帶來這麼大的慰藉，那麼對於一個受到良好教育的敏銳心靈，它的衝擊會有多麼巨大？這樣的人擁有豐富熱情的想像，而如果他在生命早期就受到苦難的磨練，在腦子裏發展出一套沾染了宿命色彩的理論與幻想，用作者貼切的形容就是**患上沉思症**[30]，對於這樣的人，鴉片的效力將會是多麼不可思議！這一整本書便是圍繞著這個疑問展開。我現在就在讀者眼前小心翼翼地逐篇翻開這一本神奇的書，讓它像一幅慢慢攤開的地毯，令讀者歎為觀止。

　　可是我也不得不刪除書裏面某些篇幅。事實上，德昆西的文體非常特殊，他習慣於講一些題外話，也比任何人都更適合**詼諧作家**的別號。他本人很明白這一點，還把自己的思想比喻成酒神的權杖：如果拿掉權杖上包裹的繁複葉片，它

---

30 *"touched with pensiveness"*，作者在此處使用英文。

就會變成一根沒有形狀、光禿禿的棍子。我這一本書的篇幅有限，所以必須忍痛割愛，只留下他作品裏所有最感人的精彩片段來與讀者分享。這樣做等於跳過好幾道可口的開胃菜，可是我希望讀者能夠理解，它們只是用來**襯托**鴉片吸食者的性情，與鴉片沒有直接的關聯。幸好這本書結構十分嚴謹，所以即使經過這樣的裁剪，讀者還是可以透過它簡化了的封皮與書頁想像它原來的樣子。

這一本書的書名是《一個吸食鴉片的英國人的懺悔錄：學者生活札記》。它分成兩個部分。第一個部分是「懺悔錄」，另一部分「深深歎息」是它的補充。每一個部分再分成若干小章節，有些像是附錄的段落被我刪除了。

第一個部分裏的小章節分法很單純而且順理成章，它們分別是：懺悔錄開場白、鴉片的欣快感、鴉片的折磨。我會在懺悔錄開場白這一段多花一些解釋的功夫，而讀者也不難揣測到這個章節的主旨：它向讀者介紹故事的主人翁，使讀者了解他的來歷並對他產生好感。事實上，作者擔心他關於醉態的冗長描述會讓讀者感到枯燥單調，甚至不想繼續讀下去，所以他在這裏以主人翁為中心，為整本書營造一個感性氛圍，強調他值得原諒的遭遇。最後很重要的一點是，作者在這裏描述了若干發生在他身上的意外事件，這些事件乍看之下有一點不足掛齒，可是它們對於真正有過類似體驗的敏感心靈而言卻是十分關鍵的記憶，甚至變成日後一再縈繞他

腦海的奇異感覺與幻象的重要元素。我們常常在小酒吧裏看到一些上了年紀的人，在他們恍惚的感覺裏，死去的同伴還和他一起坐在桌子前面：消失了的年輕歲月變成令他們陶醉的佳釀。同樣地，懺悔錄開場白所描述的事件成為作者日後幻象的主要原料。在一天辛勤工作之後，人們腦子裏會殘留著白天所見到的影像，變成扭曲的記憶投射到睡夢裏復活。作者的前塵往事也是如此。

二　懺悔錄開場白

　　不，他並不是為了尋求膚淺的感官享樂才找上鴉片的。事實上，他年輕的時候經常挨餓，肉體的飢餓與情緒的焦慮混在一起，使他以逆來順受的態度把它當做一種殘酷的習慣。在一段幸福、安詳舒適的生活之後，也就是他二十八歲那一年，病痛與解藥才第一次同時在他生命裏出現：鴉片變成了幫他紓解痛苦的法寶。至於這些無可避免的焦慮是從哪裏來的，我們現在就來一探究竟。

　　在作者還沒有和鴉片結緣以前，他的父親就去世了。那一年他七歲，透過監護人的安排上了幾所不同的學校，接受啟蒙教育。他對文學的特殊稟賦很快就引起了人們的注意，小小的年齡對希臘文的造詣卻非常高，令人稱奇。他十三歲開始用希臘文寫作，十五歲的時候不僅會用希臘文的韻腳創作抒情詩，更可以毫不吃力地用流利的希臘文與人應答。這個功力是他每天閱讀英文報紙、並隨機把其中片段翻譯成希臘文的習慣所培養出來的。事實上，要透過一個古語來表達現代的概念與意象，唯一的途徑就是在記憶與想像力上下苦

功，找出一大堆間接的說法來創造一部可以隨時派上用場的字典。這樣的辭海比任何冬烘先生編出來的文學索引都要來得更加豐富而廣泛。一個老師指著他對一個外國人說：「這個男孩可以憑他的口才駕馭整個雅典的群眾，而我們連在英國群眾面前也辦不到。」可惜的是這個早熟的希臘學家無緣繼續跟隨他那優秀的老師，而且接任的老師相對之下顯得很拙劣，他最擔心害怕的就是讓這個小孩拆穿他的無知。接下來又有一個學養紮實的教授被指派來督導他，可是他終究缺少一股優雅的氣質，一點也不能和第一個老師的熱情與博學相提並論。當一個學童開始掂掇他的老師，甚至凌駕他們的時候，事情就不妙了。有一次，他們在學校研究索福克里斯❸的悲劇臺詞翻譯。在課程開始之前，熱心的教授已經翻遍了文法與字義釋疑字典，釐清所有可能在詮釋上產生疑點的段落。可是我們這個快要十七歲的年輕人一心只想早日進大學，還為了這個問題不時去煩他的導師，可是得不到任何結果。導師之中有一個很善良也很明理，但是他住得很遠。其他三個之中，有兩個把所有的決定權轉交給第四個。而根據作者的形容，全世界再沒有比他更頑固、更專斷獨行的老師了。最後我們這個愛冒險的年輕人做了一項重大決定：他逃

---

31 索福克里斯（Sophocle），古希臘著名劇作家，古希臘悲劇的代表人物之一，和埃斯庫羅斯（Eschyle）、歐里庇得斯（Euripide）並稱古希臘三大悲劇詩人。

學了。他寫信給一個和他家族很熟的美麗貴婦，他小的時候還曾經被她抱在膝蓋上。他向她要了五畿尼，回信很快就到了，信裏面裝了滿滿的母愛，而且還有比他當初要的數目多一倍的錢。這樣和他學費存摺裏的兩畿尼湊起來總共有十二畿尼。對一個不曾為生活奔波的年輕小夥子來說，那是一筆花不完的財富。現在就等著付諸行動了。這一本書有好幾個片段我下不了手去裁剪，以下這一段便是其中之一。再者，偶爾讓讀者親身品味作者充滿直覺洞識的柔性風格也是很好的一件事。

「詹森博士[32]曾經做了一項非常正確的觀察（只可惜並非他所有的觀察都像這一個既正確又充滿人性），那就是如果我們長久以來習慣做某一件事，而且在停止的那一天知道那將是最後一次，那時候我們心裏不可能沒有任何傷感的情緒。對於這個真理我的感觸特別深刻，因為我曾經下決心離開一個我不喜歡的地方。我在那裏活得並不快樂，可是就在我按照計畫逃離它的前一天晚上，高挑的古老廳堂裏晚禱的回聲傳到我的耳朵，使我心裏感到無限悲傷：從今以後，我永遠也聽不到這個聲音了。天黑了，學校晚點名，跟平常一樣，第一個叫到的就是我的名字。我應聲出列，經過校長面

---

32 塞繆爾・詹森（Samuel Johnson），英國十八世紀最有名的文人之一，集文評家、詩人、散文家、傳記家於一身。

前的時候向他敬了禮,而且看見他的臉。我不禁出神地想道:這個人已經老態龍鍾,身體又這麼虛弱。我今生今世大概再也見不到他了!這個想法並沒有錯,因為我確實沒有再見過他,以後也永遠見不到他了。他用充滿關心的眼神與真誠的微笑跟我回禮,完全料想不到我其實是在向他辭行,而且那是我們的最後一面。雖然我對於他的學識沒有什麼太高的評價,我卻不能否認他對我十分照顧,也給了我許多恩惠。我這樣狠心不告而別,讓他在毫無準備的情況下備受羞辱,一想到這我心裏就十分難過。

「天空漸漸變亮,我馬上就要獨自走入茫茫人海了;我今後大半生的悲歡離合都在這個早晨埋下了伏筆。當年我一來到這個學校便飽受禮遇,學校讓我住到校長房子裏的一個房間,那同時是我的臥室和書房。我在三點半起床,在第一道曙光中看見古老的⋯⋯塔樓,在這個萬里無雲的六月清晨裏,燦爛的朝陽使塔樓染上淡紫色的光暈。這一幕景色使我的心情開始攪動起來。一方面,我知道自己心意已定,不會再更改,可是另一方面,面對未來不可預知的危險,我感到一波波徬徨與焦慮的感覺不停湧上來。如果當時我可以預見在路上等我的暴風雨,想像和冰雹一樣刺骨的苦難與折磨,我激動的情緒一定會更難以遏制。無論如何,我內心的激動與這個早晨無邊的寧靜形成一個令人心痛的對比,清晨好比紓解苦痛的藥劑,它的寂靜比起深夜有過之而無不及,尤其

是夏日的清晨，沒有任何寧靜的時分比它更能夠感動我。夏日清晨的陽光無所不在而且十分強烈，乍看之下與任何季節正午的陽光沒有差別，可是在那個時候到處都不見人的蹤跡；上帝所創造的自然與萬物沉浸在無限和平的氣氛裏，人類焦躁不安的精神還沒有來打擾神聖的感覺。我起床之後穿上衣服、戴上帽子與手套，在房間裏逗留片刻。一年半以來，我把這個房間當成思想的堡壘，也曾經在這裏研究苦讀到深夜。我不否認這一段時期接近尾聲的時候，我違背自己溫柔多感的本性，忙著與教授抗爭，漸漸失去生活的樂趣與幸福的感覺，可是在另一方面，像我這樣一個手不釋卷、熱烈追求心靈解放的男孩子，即使在愁雲滿布的日子也懂得給自己創造一點快樂欣喜的片刻。

「我看著四周的沙發椅、壁爐、寫字桌，以及其他林林總總的熟悉物件，確定今後永遠再也見不到它們了。我哭了起來。從那一天到我寫下這幾行字的這一刻，十八年過去了。然而，這一切好像還只是昨天的事。我用告別的眼神注視所有物件的輪廓與表情，這個情景到現在都還歷歷在目。我彷彿還看見壁爐上方……迷人的畫像，她的眼睛與嘴巴非常美麗，整個體態散發出無比慈善祥和的神聖光輝。我經常放下手中的鋼筆與書本，像面對聖人祈禱的信徒一樣對著她的形象祈求安慰。正當我看她看得出神的時候，半夜四點的鐘響了起來。我挨近畫像，伸長身子親吻她，然後輕輕走出

房間，永遠關上那一扇門！

　　「在我們的生命裏，歡笑與淚水往往交織在一起，無法分開。在我摸黑出發時就發生了一段驚險的插曲，幾乎使我的計畫全盤泡湯，每當我想起這個插曲就忍不住笑起來。事情經過是這樣的：我走的時候帶了一個行李箱；那裏面除了衣服之外，就是我一整個書房的書，行李箱因此重得不得了，把它搬到車上變成一個大問題。我的房間位於建築物的頂樓，而更糟糕的是，從這個角落下樓梯一定會經過校長房間門前的走廊。幸好這裏所有的僕人對我都很照顧，我也確信只要我有需要，每個人都會義不容辭暗中助我一臂之力。所以我把這個棘手的問題交給校長的隨身侍從來處理。他向我發誓說，只要他做得到，什麼困難他都願意幫我解決。約定的時間到了，他走上樓來搬我的行李箱。我深怕他一個人搬不動，可是他畢竟是個手腳俐落的大漢——

　　　肩膀堅實有如亞特蘭大
　　　可以背負最強盛的王國的重量

他的背膀像索爾斯伯里平原那麼廣大。他堅持一個人搬這個行李箱，我則在樓梯底下焦急地等候。他一步一步下樓，腳步聲很沉穩，可是當他來到距離走廊兩三步的危險地帶時卻整個人緊張地滑倒在地上，笨重的行李箱從他的肩膀上掉下

來在樓梯上蹦蹦跳跳一直滾到樓梯底下，越滾越快，到最後不偏不倚地撞到校長寢室門上，那巨大的聲響好像是從地獄脫逃的二十個惡魔在鬼叫。我第一個反應是：完了，現在唯一的希望就是撇下我的行李，落荒而逃。可是我猶豫了幾秒鐘，想留下來看看這一段故事會有什麼結局。侍從嚇壞了，他心裏大概認為我們兩個人都完蛋了。儘管如此，這個天大的意外反倒製造出一種荒謬的喜劇效果，使他忍不住笑出來，那是一種無法遏止的、令人頭暈的大笑，聲音大到可以吵醒那七個沉睡的使徒[33]。

「這個快活的笑聲竟然如此肆無忌憚地迴盪在嚴肅的校長耳裏，使我不由得也湊上一腳，笑了出來。令我按捺不住的倒不是因為跌跌撞撞的行李箱活像一個**冒失鬼**，而是侍從一觸即發的緊張反應。根據我們對校長的了解，老鼠吱吱叫的聲音就足以讓他像大獵犬一樣衝出他的巢穴，所以我們兩個人都認為校長會馬上從他的房間衝出來。可是這一次很奇怪，我們都已經笑到沒有力氣了，房間裏還是沒有任何動靜。原來校長患了一種讓人輾轉難眠的疾病，可是一旦讓他睡著，他就會睡得特別香甜。這一片寂靜讓侍從重新鼓起勇氣把行李箱背到肩膀上，安穩地繼續沒有走完的階梯。我等

---

33 Les sept dormants. 根據傳說，西元三世紀古羅馬皇帝德修斯（Dèce）迫害基督徒，將七個使徒所藏躲的岩洞封起來，百年之後岩洞被打開，七個使徒以為他們只睡了一個晚上。

在那裏，看他把行李箱放到推車上往座車的方向推去。我腋下夾著一個小小的盥洗包，口袋裏放了一本我最愛的英國詩集，另一只口袋放了一本印了九篇歐里庇得斯[34]作品的小書。我就這樣走了，把接下來的一切交付給上蒼去安排。」

　　一開始，我們這個同學有前往西澤地的想法[35]，可是一個他沒有說明的意外改變了他的路徑，使他流落到北威爾斯。在登比郡、梅利翁涅郡與卡馬文郡流浪一段時間後，他在B城一個很乾淨的小房子裏安頓下來，可是一件芝麻蒜皮的小意外傷害了這個年輕人的自尊，使他在荒謬的情況下被掃地出門。原來這個房子的女主人曾經在主教家服侍過，她不是做過女管家就是專門照顧孩子的僕從。我們知道，英國教士階層趾高氣昂的個性不僅感染貴族家庭的孩子，就連孩子的僕從也自認為高人一等。在小小的B城裏，人們對於在主教家做過事的人自然會另眼相看，所以這個女人成天開口閉口都是：「主教做這個，主教做那個；議會不能沒有主教，主教非去牛津不可……」在她的感覺裏，這個年輕人在聽了她的話之後好像沒有表現出明顯的嚮往崇拜表情。有一天，她到主教家去為他的家人服務，主教隨口問她家裏的情形。她說她把房間租給了一個房客，這個高級神職人員便建

---

34 見註31。

35 西澤地（Westmoreland）臨近英格蘭北部的湖區，德昆西有意前往拜訪浪漫詩人華茲華斯。

議她在揀選房客時要特別當心：「貝蒂，不要忘記我們就在通往聖頭市的大路上，那些在英格蘭騙了錢之後到處躲債的愛爾蘭騙子，與那些在曼島上留下一屁股債的英格蘭騙子，都一定會經過我們這個地方。」這個女人洋洋得意地轉述了她與主教的對話，還不忘和年輕人複述了她自己的回答：「啊！主教，我這個紳士房客可不像是個騙子，他……」「你說我不像是個騙子！」這個年輕學生簡直氣瘋了。「從今以後我幫你省這個力氣，你也不必浪費寶貴時間來想我到底像不像是一個騙子。」接著他轉身就走。可憐的女主人想要打圓場挽回他的心意，可是他被怒氣沖昏了頭，說了一些對主教不敬的話，造成無法彌補的裂痕。作者陳述了他當時的心情：「天底下怎麼會有像主教這麼無恥的人？對於一個根本沒有見過面的人竟然可以這樣隨便誣衊，這也未免太輕薄了。我大可以用希臘文開腔，跟他發表我的看法，教他如何對我的人格有比較正確的假設，而且如果他還算有教養，他就應該用希臘文給我回答。這樣至少可以弄明白一件事：就算沒有他那麼富有，我這個希臘專家肯定比他還有學識。後來我比較冷靜之後，這個幼稚的想法也就被我忘記了……」

　　漂泊的生涯又開始了。每經過一個驛站，他荷包裏的錢就變得更少，很快就連一毛錢也不剩了。他一天只吃一餐，這樣一連過了十幾天。餐風露宿、翻山越嶺的辛苦使他年輕的腸胃對這麼單薄的飲食更加難以忍受。而且這每天唯一的

一餐不是茶就是咖啡，再沒有別的了。最後連茶和咖啡都成了可望而不可即的奢侈品。在威爾斯流浪的期間他只能靠桑椹和野漿果倖免於活活餓死的命運。有時候他得到善心人士的招待，使他感覺像被邀請參加盛宴一樣，暫時忘記這種隱修士的菜單，而他答謝這些地主之誼的方式通常是充當代書，為主人寫一些信。

在這些鄉下地方，某些農夫需要聯絡住在倫敦或利物浦的親人時會把他當做臨時秘書。他也遇見不少在外地工作過的女孩子，她們通常是在修斯伯里或英格蘭沿海城市擔任過女僕，離開之後還一直留戀著那裏的舊情人，請他代筆寫一些情書。有一個感人的插曲就是在這種情況下發生的。在梅利翁涅郡郎伊廷傑這個偏遠的地方，住了四個姊妹與三個兄弟，這些年輕人全都會說英語，而且擁有一種自然純真的優雅氣質。他們以非常熱誠的態度招待他停留了三天。三個兄弟之中，有一個曾經在戰船上服役，拜託他寫一封信爭取應該歸他的那一份戰利品。此外，他還暗中為兩個姊妹各寫了一封情書。當她們以天真無邪的口吻逐字念給他謄寫的時候，紅潤的臉頰毫不做作地流露了羞怯、坦率與脫俗的氣質，令人聯想起那些纖細優雅的搪瓷娃娃。這一封情書不能破壞她們矜持驕傲的形象，可是又必須滿足她們一訴衷情的祕密願望。信寫好了以後，這兩個粉嫩的女孩簡直不敢相信這麼困難的任務竟然讓他給順利達成了。可惜好景不常，某

一天早上，令他非常尷尬與難受的事情發生了：年輕人的父母回來了。他們前幾天出門到卡納文市參加衛理教會一年一度的集會，而就像所有參加這個聚會的人一樣，這兩個上了年紀的人表情十分嚴肅，看什麼事都不順眼。不管年輕人和他們說什麼，他們唯一的回答是：「Dym Sassenach（不准說英語）。」「這些年輕人不停地跟他們說我的好話，可是我心裏很明白，對這些六十幾歲的衛理派教徒來說，我所寫的情書和莎孚或雅爾謝❸的蹩腳詩句一樣，是天底下最差勁的自我推薦函。」他不想讓這些年輕人的善意在這些粗魯老人手中變成不屑的施捨，便再度走上流浪的路途。

作者沒有交代他如何在這樣落魄潦倒的情況下找到辦法去到了倫敦。來到倫敦之後，原本嚴峻的考驗變成了煉獄的酷刑。在這裏他每天都在和死神搏鬥。十六個星期以來，飢餓不間斷地折磨著他，別人吃飯時不小心掉在桌上的麵包屑變成他維持生命的食物（我們稍後會提到其中一個人）。加上兩個月以來露宿街頭、不時被隱隱的焦慮和驚愕所打斷的睡夢，使當初逃學的憧憬變成了苦澀不堪的果實。

他跌到人生的谷底，情況已經不能再糟了，可是屋漏偏逢連夜雨，惡劣的天氣使他徹底走投無路。就在這個時候，他很幸運地找到一個避難所。這可不是一個普通的避難所！

---

36 莎孚（Sappho）與雅爾謝（Alcée）皆為古希臘詩人。

有一次，他從某個男人的餐桌上偷麵包屑來果腹，那個人以為他只是病了，不知道他一無所有，讓他暫時住到他租來的大房子裏。那一棟閒置的房子裏除了一張桌子和幾張椅子之外，沒有任何家具，而且到處是灰塵和老鼠，感覺跟沙漠一樣荒涼。奇怪的是這一棟殘破的房子裏竟然住了一個可憐的小女孩。她看起來大約十五歲，可是飢餓的折磨也有可能使她看起來比實際年齡蒼老一些。她的臉蛋說不上漂亮，心思也非常單純，但是並沒有到弱智的程度。作者從來不知道她是這個男人的女傭還是私生子。他確定的是這個沒有人聞問的可憐東西看到他來很高興，因為她知道從今以後她不必一個人度過漫漫長夜了。

這一棟房子原本就很空曠，同時又因為裏面完全沒有家具與壁毯的緣故，使得所有的聲音聽起來都特別真切，尤其是老鼠亂竄的聲音，在廳堂與樓梯間從早到晚迴盪個不停。除了飢寒交迫的肉體折磨之外，這個落難的小女孩又給自己添加一個假想的敵人：她怕鬼。我們的年輕人自告奮勇保護她，並且自嘲說：「這是我能為她做的唯一一件事」。這兩個瘦弱的可憐蟲，又餓又渴，冷得受不了的時候便拿一捆廢紙隨便鋪在地上，當做枕頭，揪一件老舊的騎士大衣蓋在身上做為棉被。稍後他們在閣樓發現一件沙發的布套、一小塊地毯和一些舊衣服來禦寒。小女孩可憐兮兮地緊靠著他取暖，同時也靠他來打退來自另一個世界的敵人。

如果不是病得很嚴重，他會把她摟進懷裏，讓她感覺到同胞之愛的溫暖接觸，靜靜入睡，可是他自己卻很難睡得著，因為過去兩個月以來，白天的折磨常常使他累到支撐不住而不省人事昏過去。可是那些淺淺的睡眠總是不停地被紛雜的思緒打斷，使他醒了又睡，睡了又醒。痛苦與焦慮的情緒猛然把他從睡夢中拉回到現實世界，但是他實在耗盡了所有體力，連醒著的力氣都沒了，就又再睡去。哪一個神經衰弱的人沒有嘗過這種**貓狗不如**的卑賤景況？飢餓或者其他身心的折磨都可以造成類似的結果。有時候他聽到自己在發抖，有時候被自己的聲音所吵醒，感覺空洞的胃腸像海綿被一隻手緊緊捏住而不斷緊縮，緊繃的橫膈膜往上移動，呼吸變得困難，焦慮的感覺也越來越強烈。人被逼到走投無路的時候便只好將計就計，把這痛苦推到極端來逼迫身體發出一個爆裂的呼喊，彈跳起來，用激進的方式求得解放。

有時候，房子的主人會在沒有預警的情況下一大清早進到屋裏來，其他時候則是根本不見人影。他像躲債的人一樣，一副準備隨時溜走的樣子，而且他效法克倫威爾[37]，晚上絕不在城市的同一個角落過夜。有人敲門的時候，他一定透過門上的小洞打量訪客的身形體態才決定是否開門。餓了

---

37 克倫威爾（Oliver Cromwell），英國政治家、軍事家、宗教領袖，清教徒革命的首腦人物，也是議會軍的指揮官。從1653年開始掌權並進行獨裁統治。

的時候自己一個人在路邊買一小塊麵包或餅乾帶到茶館去隨便吃吃了事，從來不約任何人一起吃飯。即使如此，我們的年輕人當初還是逮到機會跟他在茶館裏打開話匣子，神乎其技地搜括那些不小心掉在桌上的麵包屑，還裝得若無其事。只不過有些時候，這個男人吃得一乾二淨，沒有留下任何殘渣。他從來不允許那個女孩進到他的書房——如果那個堆滿皮紙的雜物間可以被稱做書房的話。六點鐘一到，這個神祕人物便鎖住房間，自行離去。早上他一來，小女孩便趕緊下樓聽他使喚。他開始工作或談生意的時候，年輕人便出門去，在街頭、公園或其他地方漫無目的地遊走，等天黑的時候再回到這個令人沮喪的地方用鐵錘般的拳頭敲門，這時候小女孩就會用顫抖的腳步跑過來迎接他。

多年以後，作者心境較為成熟了，他在某一年的8月15日，也就是他生日的那一天，心血來潮想要重遊舊地，看看他早年窮困潦倒時唯一的避風港。那一天晚上十點，他在同一個地方看見一間豪華的客廳，熒熒的燈光裏有美麗的人影在喝茶，一副悠閒自在其樂融融的樣子。他眼前這一幅景象，與十八年前同一棟房子裏黑暗、寒冷、死寂與頹敗的氣氛形成非常詭異的對比。那個時候，裏面住的是一個餓肚子的學生與一個被遺棄的小女孩。他後來也嘗試打聽這個可憐孩子的下落。她還活著嗎？她當媽媽了嗎？但是沒有人有她的消息。她既不漂亮，也不可愛，更談不上聰明；她沒有任

何吸引人的地方。可是她是令人心疼的患難之交，光是那一張充滿人性的臉孔就足以讓他思念不已。那一個缺乏表情的臉孔，生動地反映了人性純粹的本質。羅伯斯庇爾[38]不是用他又冰冷又熾熱的語調這樣說過嗎：「人看到同類不會沒有任何欣喜之情！」

可是這個借他住的男人到底是誰？靠什麼維生？為什麼這麼神祕？其實所有的大城市裏都不難找到這種法律掮客，他們穿梭在人際關係的迷宮裏，鑽法律漏洞做一些買賣，良心對他們而言是一個礙手的奢侈品，只能暫時擺一邊，等情勢好轉之後再拿出來使用。作者告訴我們，他大可以跟讀者描述一些發生在這個人身上的奇怪場面與滑稽可笑的插曲給我們當做消遣，可是他不想這樣做。除了一件事之外，他選擇把這一切忘得一乾二淨：他只記得這個人即使從很多方面看來都很可鄙，可是在他能力可及的範圍內對作者的周到卻是沒有改變過，那甚至是一種慷慨。除了那一間堆滿了紙堆與文件的聖地之外，他讓這兩個孩子自由使用房子裏所有的房間，所以一到晚上他們便開始挑選在哪一個房間紮營過夜。

說到這裏，我們該要談談這個年輕人另外一個女性朋友了。這一段故事非常優美純潔、天真無邪而且充滿慈悲，那

---

38 羅伯斯庇爾（Robespierre），法國大革命時期重要的領袖人物。

感人的圖像只有向上天借一枝神來之筆才能夠詳細描繪。作者說：「不管是什麼時候，不管是男人、女人還是小孩，所有跟我在命運的安排下碰巧結識的人，我都樂意與他們**親切**地交談並且覺得那是一種光榮。這個習慣使我在交會的過程中自然流露友善與坦誠的態度，我相信那是所有自稱為哲學家的人不能沒有的特質，也使我對人性的了解更加深刻。有一些自稱為哲學家的庸俗人物自以為**看透世情**，實際上卻充滿偏見，他們用自我中心的狹隘眼光看待世界，根本不知道哲學家與講究**普世精神**的智者沒有本質上的差別——面對天底下所有的造物，無論資質優劣，學問高低，罪惡還是無辜，他們都能夠以平等心達成完美的契合與溝通。」這個慈善與博愛精神受到鴉片菸的刺激，在醉態的助興之下顯得特別活躍強盛，我們將可以在稍後的敘述中看到。現在，從威爾斯到倫敦街頭，這個尋求心靈解放的學生儼然成為逍遙學派的信徒，宛如一個街頭哲學家，面對大城市裏物欲橫流的人生百態深思冥想。我們知道，英國文學假清高到了虛偽的程度，所以以下的插曲在這個氛圍裏顯得有一些突兀，話說回來，同樣這個主題如果用法文來敘述的話，即使只是輕描淡寫都有可能被當做傷風敗俗的醜聞。這個故事在作者的描述之下，留給人的唯一印象是無限的優雅與莊重。用一句簡單的話來說，我們的浪子與另一個在愛情國度裏漂流的**街頭西施**建立起一段柏拉圖式的友誼。有一些人的美貌散發豔麗

的光彩，魔鬼般的銳利眼神可以穿越濃霧，豪放浪蕩的姿態變成迷惑人們的光暈。安完全不是這種人。她很簡單很平凡，和其他許多人一樣，不僅一無所有還飽受遺棄與背叛，淪落到社會黑暗的角落。儘管如此，她身上有一種言語難以形容的優雅，那一份優雅融合了脆弱與善良的特質。這種女性的典型到了作家哥德筆下尤其顯得十分生動感人，她們就像紅手小馬格麗特一樣永垂不朽。日復一日，他們在倫敦的牛津路上失魂落魄地漫遊，在人擠人的大城市中穿梭躲藏，餓肚子的學生不忘勸告他可憐的朋友去求助於一個法官控告那個侵奪她財產的混蛋，還自告奮勇當她的證人，要用口才來為她辯護！安比他年輕，可能只有十六歲，可是她也不是省油的燈，當警察找他麻煩，要把他從別人的門庭下趕走的時候，她總是挺身而出保護他！作者跟我們描述在蘇活廣場一間大廈前面的階梯上所發生的插曲，以及這個弱女子所表現出來的高貴情操。作者承認，自從發生了那一件事之後，每一次他走過那裏總是會以虔誠的心情回想起這個可憐而慷慨的年輕女孩，同時在心裏感到一陣抽痛。

這一天他全身病懨懨的，虛弱的感覺比平常要強烈許多，他坐下來把頭靠在安的胸前，感覺不舒服到了極點。忽然，他整個人從安的懷裏往下掉，滾到門前的臺階下，跌了個四腳朝天。在那關鍵時刻，如果沒有人來救他，他即使沒有死，也會殘廢一生，可是一帖烈藥在這個命運危險的關頭

解救了他，而伸手把這解藥給他的，就是與他一樣淪落天涯的可憐人，那個只認得這個世界的粗暴與不公的可憐人。安看到他跌倒地上，嚇得發出一聲尖叫，馬上跑到牛津路上端了一杯加料波酒[39]回來。他那被掏空的胃最需要的不是任何固態的食物，而正是這個神奇的解藥。「啊！我那年紀輕輕的恩人！與你分開之後，每一次我被遺忘在孤獨的角落就會特別想念你，我想你的心充滿悲傷與真實的愛意。這厚重如山的恩情叫我的心如何承受得起？我多麼希望它擁有一個特權與超自然力量。我們的祖先留下一個傳說，一個要報仇的父親發出可怕的詛咒，沒有任何東西可以阻擋那詛咒去追逐它的目標！但願上天賜予我同樣的特權，讓我這感恩的心也可以這樣追蹤你，騷擾你，暗中等待你，出其不意地摟住你，在倫敦最陰暗的角落認出你，甚至到黑暗的墳墓裏去找你，用和平、寬恕與最終和解的誠懇訊息把你喚醒！」

只有承受過這樣大苦難的人才能有這種體會。苦難並沒有使作者的心關閉退縮，使它變僵硬。相反地，苦難打開他的心房，使他的心變柔軟。如果把大城市比喻成精神的荒漠，那麼這個文明世界裏的遊牧民族在其中所經歷的溫柔體驗，是那些受制於家庭觀念的人所無法想像的。大城市的深

---

39 波酒（porto）和雪利酒的生產方式相似，產於葡萄牙北部杜羅（Douro）河谷，其主要集散地為波爾圖（Porto），並因之而得名。

淵與沙漠一樣，如果人心沒有被它打擊、削弱到頹廢與自殺的絕境，它就會用另一種方式塑造人心並且使它變得更堅強。

這個意外發生之後不久，作者在阿博馬勒街上遇見他父親的一個老朋友。他從年輕人的舉止認出他的確是家族的一分子，年輕人對他也不設防，照實回答他所有的問題，一點也不隱瞞，但是要他答應不把他送回到監護人那裏去。最後，他把收留他的神祕律師的地址給了這位先生。

隔天，他從神祕律師那裏接到一封給他的信。信裏面有一張十英鎊的鈔票。

讀者可能會感到困惑：為什麼這個年輕人在這些困境的逼迫之下沒有從問題的根本去找出路，比如說去找一個固定的工作或者向他家族的世交求助。首先，這第二個解決方式含有很大的風險，因為一旦讓這些人得知他的行蹤，他很難確保他們不會去通知他的監護人，讓後者行使法律賦予他們的權力，強行把年輕人送回學校去。對他而言，這一個可能性是完全無法接受的。這種威脅刺激了他原本溫馴的性格，使他反而表現得比一般人還要有骨氣，寧可用盡所有力氣來承受所有的折磨，也不願意冒著被送回學校、蒙受羞辱的風險。而且他的父親逝世已經十年了。這些世交要到哪裏找去？他可能還記得其中一兩個人的名字，其他的則是早已不知去向。至於說要找一份差事，他有自信可以憑他希臘文的

造詣從事校對文稿的工作，領一份還不算壞的薪水。問題是，誰可以引薦他給小有名望的主編認識？他想破腦袋也想不出來。無論如何，在事過境遷後，他承認說自己當年從來沒有想到過「文學」這種東西可以拿來做為餬口的工具。事實上，除了一件事之外他什麼都不想：他想盡辦法提早動用歸他名下的家族遺產，盡快從這個令人絕望的處境中脫身。

在這一點上，神祕律師幫了他一個忙。他曾經和幾個猶太人幹過一些可疑的勾當，使得作者得以透過他和猶太人結識。向猶太人證明他有財產等他繼承並不困難：他父親的遺囑被收錄在倫敦的**教會律師法庭**裏，只要去調查一下就可以確認他所說的話。可是，一個比較複雜的問題冒出來了：他可以拿什麼東西來證明自己就是遺囑裏所提到的那個人？他愣了一下，急忙把手伸到口袋裏搜尋身上所有找得到的文件。結果他找到幾封別人寫給他的信，他在威爾斯收到這些信之後就一直帶在身邊。寫這些信的是幾個和他一樣年輕的朋友，包括……伯爵與他的父親……侯爵。最後，猶太人承諾借兩百或三百英鎊給他，條件是伯爵擔保在他成年之後償還這一筆錢。

很明顯地，猶太人之所以願意借錢給他，目的並不是冀望從這一筆微薄的交易賺到什麼利潤。他是看準了年紀輕輕的伯爵很快就會變成有錢人，所以才會抓住機會，企圖和他拉上關係。不管怎樣，我們的流浪漢收到十英鎊之後，立刻

準備動身前往伊頓。他未來的債主以撰寫一些法定公文為理由，跟他拿了三英鎊。他留了一些錢給神祕律師，答謝他以空盪盪的大房子收留他的情分；接著他花了十五先令整理儀容。（整理得非常徹底！）最後，可憐的安也分得一些好處。那是一個寒冬的夜晚，他和那可憐的女孩拖著布里斯托皮箱，在又暗又冷的街上往庇卡底里的方向走，想要一路走到鹽坵。他們到了黃金廣場之後，看時間還很充裕，便坐在謝瑞德街的角落休息一下，同時避開庇卡底里混亂的人群與刺眼的燈光。他向安保證絕對不會忘記她，而且只要一有機會就會馬上回來幫助她。那是一種責任，一種絕對的義務。他看著眼前這個同病相憐的天涯淪落人悲傷到不能自已的樣子，內心感到無限同情。他自己的健康狀態雖然也不好，可是在沮喪的安旁邊，他看起來心情比較輕快，甚至充滿希望。道別的時刻來臨了，她用兩隻手臂環繞他的脖子，一句話也不說就開始哭。他預計最遲一個星期後就會回來，而且兩個人約好了，從第五天起，每一個晚上她都要在六點鐘來大梯奇菲爾街上等他。如果把牛津區比喻成風浪詭譎的地中海，那麼大梯奇菲爾街便是唯一能夠讓他們靠岸喘息的避風港。他以為自己這樣的安排萬無一失，絕對沒有失散的可能。可是，他忘了一件事：安從來沒有告訴他她姓什麼。即使她有告訴過他，他也可能認為那並不重要就把它給忘記了。我們知道那些有野心而且善於調情的女人，在讀了一些

浪漫小說之後就會希望別人用別名叫她們,比如說**道格拉斯小姐**或**蒙塔格小姐**。可是那些生長在貧賤環境裏的女孩子們只有一種叫法,那就是她們受洗時給的名字,比如說**瑪麗**、**珍妮**、**法蘭絲**等。他們分手時安正好染上重感冒,喉嚨也疼得很厲害,他只想到要在這個關鍵時刻用最溫柔的話來安慰她、鼓勵她,教她如何照顧自己,根本沒有想到要問她姓什麼,而那卻是人們在錯過約會或者失去音訊的時候重新找回中斷線索最可靠的方式。

關於作者前往伊頓的旅途中所發生的事,我只用簡單幾句話帶過。跟他搭同一班車的人裏面有一個心地善良的酒窖總管:我們的主人翁原本就很虛弱,加上車子一路上顛簸,使他累到一蹶不振,倒在總管的胸前沉沉睡去。被奶媽抱在懷裏入睡的小孩子也沒有像他睡得這麼香甜。他在露天的車上從斯洛一路睡到伊頓,這一睡就睡過了頭,等車子經過鹽坵六七英里之後他才驚醒過來,趕緊下車用兩隻腳往回走。當他終於抵達目的地之後,問了人才知道原來伯爵已經不住在伊頓。他別無選擇,只好轉而拜訪D伯爵,叨擾一頓午餐。他也是作者早期認識的同伴之一,可是關係比較疏遠。這是他好幾個月以來第一次坐在餐桌前吃一頓像樣的飯,可是他卻什麼也吃不下。這個經驗先前在倫敦就已經發生過一次。那是他收到錢的那一天,他在烘焙店裏買了兩個小麵包:那時候他用餓鬼的眼神覷覦麵包店裏的食物已經有六個

禮拜或兩個月那麼久了，那種飢饞的程度使他現在想起來還是感到非常不堪。這個覬覦已久的麵包教他吃下去之後，他卻病倒了，接下來幾個禮拜他都不敢隨便碰任何食物了。現在他人在伊頓，重新回到奢侈**舒適**的環境，食慾卻消失了。他帶著歉意向Ｄ伯爵解釋他胃腸的狀態，伯爵便為他點了一杯酒，他喝下去之後感到暢快無比。至於他此行的目的，看來並不會像原先設想的那麼順利。他來伊頓為的是找伯爵看在人情的分上為他做保，現在換做Ｄ伯爵使人感到有些尷尬。Ｄ伯爵因為不希望正面回絕他使他感到沒面子，便在加了附帶條件的情況下勉強答應他的請求。三天之後，他帶著這個打了折扣的成績單回到倫敦找他的猶太朋友，結果他們不接受Ｄ伯爵的條件。看來，流落街頭的恐怖折磨又要重新開始了，而且這一次會比先前更加悽慘。在這個新危機正要開始的時候，一個巧合發生了。透過一個作者沒有解釋的際遇，他與監護人達成一個徹底的和解，讓他找到一條生路。他的生命從此完全改變了。他離開倫敦之後不久就進了大學。過了好幾個月後，他才再一次回到他年輕時受苦的地方。

　　但是，可憐的安，她如今變成什麼樣子？每一個晚上，他都在四處找她，每一個晚上，他都來大梯奇菲爾街角落等她。所有可能認識她的人都被他盤問過，一直到他離開倫敦的幾個小時前他都沒有放棄希望，不停地打聽她的下落。他

知道她住過哪一條街，但是不知道是哪一戶。反正在他們分手之前不久，她那粗暴的房東已經把她給趕出去了。他向人們探問消息的時候口吻不免有點急切，這使得其中某些人在心裏產生懷疑，認為他尋人的動機可能不純正，便用開玩笑的態度敷衍過去，另外有些人則是猜測說這個女孩可能偷了他的東西，才會讓他這樣不死心地找下去，他們並不想成為密告的人，所以也就隨便把他給打發掉。最後他不得不動身離開倫敦了，在匆忙之中把自己的地址留給一個曾經見過安的人，可是後來連這個人的消息也斷了。在他顛沛流離的一生中，這是最令他心痛的一道傷痕。如果一個人用這種口氣說話，你會了解到他是非常認真的。他那高尚的道德與精彩的文筆同樣令人激賞。

「如果她還活著，我們當時一定在倫敦這個巨大的迷宮裏彼此不停地尋找；說不定我們曾經來到同一條街上，只差幾步路就可以撞見對方，只可惜命運捉弄人，讓我們與那唯一的機會擦身而過！接下來那幾年，我一直希望她還活著。每次去倫敦，我一定睜大眼睛，仔細端詳街上每一個女人的臉孔，一千個，一萬個，為的就是要找到她。一秒鐘，只要一秒鐘就可以讓我在一千個臉孔裏認出她。她算不上美麗，可是她的表情非常溫柔，脖子的線條也特別優雅。我一直沒有放棄與她重逢的希望。是的，我這樣一連找了好幾年！可是現在，現在我不敢再奢想找到她了。我們分手時她的傷風

很嚴重，她的健康曾經讓我感到非常擔憂與害怕，可是現在這個病痛卻反過來安慰我的心。我不再渴望見到她了，我開始夢見她，夢裏的她在墳墓裏躺了很久，我的心感到一片寧靜。我告訴自己，如果非這樣不可的話，就讓她被上帝揀選去躺在馬德蓮⑩的墳墓裏也算是好事一件。這樣一來世界上粗暴與野蠻的事物就沒有足夠的時間來玷污她天真無邪的性情；她好比不幸受到無賴暴徒侵犯的神聖殿堂，我們不能讓暴徒逮到機會把整個地方夷為廢墟。

「牛津路，你這個鐵石心腸的後母，你聽到多少孤兒的歎息，喝下多少苦兒的淚水。現在我終於逃離了你的掌握！現在，我不必強忍心痛的感覺走在沒有盡頭的人行道上，也不必在輾轉反側的暗夜裏繼續受噩夢與飢餓的騷擾。我等這一天等得很久了。安與我，步上我們後塵的人不計其數：歎息的孤兒，飲泣的小孩，這些流浪兒在同一條路上踏著我們的足跡，交接著我們的苦難。而你，牛津路，你只管讓那些哀傷的呻吟在冰冷的街上不停迴盪。我在這個暴風雨之後僥倖地生還了，現在它看起來倒有點像是在預告接下來一段持久的好天氣⋯⋯」

安就此消失了嗎？啊！沒有！我們將在作者所描述的鴉

---

40 馬德蓮（Madeleine），中文《聖經》譯本音譯作「抹大拉的馬利亞」，在《新約聖經》中被描寫為耶穌的女追隨者。

片天地裏再次見到她。她好像從《一千零一夜》故事裏的神燈飄出來的煙霧，透過作者的回憶變成一個奇異扭曲的鬼魂。我們的鴉片吸食者在幼年所吃過的苦頭彷彿在他生命裏生根，根又長成大樹，最後大樹在他生命的一切事物上投下死亡陰影。在懺悔錄開場白的最後幾頁裏，我們已經可以隱約瞥見作者接下來所要敘述的人生另一階段的考驗。但是現在他的人格比較成熟了，性情也被苦難刻畫得更為溫柔敦厚；他可以用堅定果敢的態度去面對這些即將來臨的苦難，甚至多少加以紓解。於是，當他的心神被優米尼德斯[41]折磨到苟延殘喘的地步時，他會哀怨地呼喚曾經和他患難與共的同伴，用高貴而感人的禱告來祈求恩典相助。這時候，安的化身會出現在他病床邊帶給他無限安慰。在這個鴉片世界裏，奧瑞斯特終於找到他的伊麗克綴來長久守候他，為他擦乾額頭上焦慮的汗水，滋潤他發燒而乾瘠的雙唇。「你就是我的伊麗克綴，我晚年的伴侶！還有誰比你更能善體人意呢？要說高貴精神也好，或者柔順耐心也罷，你這個希臘女神都是如此謙遜，不願意搶走我英國妻子的光彩！」在年輕的困頓歲月裏，他會趁著月圓的時候遊蕩在牛津路，那時候他唯一的慰藉便是沿著北面的大馬路望過去。那些大道通向馬里波恩區，然後一路延伸到鄉下去。那些光影斑駁的悠長

---

41 優米尼德斯（Euménides），希臘神話中懲罰悖德之人的復仇女神。

街景好像要帶著他的心遠走，他不禁自言自語道：「這一條路向北，那一條路通向……如果我身上有一對斑鳩的翅膀，我要飛到那個地方去尋找安慰！」可是，人，所有人的欲望都是如此地盲目！他渴望去北方，可是在那個地方，那個河谷，那個夢寐以求的房子裏，一群殘酷的鬼魅就在那裏等著用更殘酷的折磨伺候他。而充滿慈悲的伊麗克綴也在同一個地方徘徊眷顧，等著治療他的苦痛。一直到現在，他還是會獨自來到巨大的倫敦市區裏留連徘徊，一個人沉思。一種無法形容的悲傷緊緊鎖住他的心，使他渴求得到家庭的溫暖，把它當做油膏敷在心靈的傷口上。牛津路上往北延伸的大街一條又一條，他在這裏想念他親愛的伊麗克綴，她在同一個河谷的同一個房子裏等他。這時候，他和多年前的自己一樣，發出相同的呼喊：「啊！如果我擁有一對斑鳩的翅膀，我要飛到那個地方去尋找安慰！」

開場白在這裏結束。我以我的信用向讀者保證，當幕再一次升起的時候，讀者將會為這個前所未見的場景感到無限震撼：古往今來，從來沒有任何文學家在纖細得有如白雪的紙上，點亮比它更奇幻、更繁富、更瑰麗的篇章。

三　鴉片的欣快感

　　如同我一開始所做的說明，作者與鴉片結緣的過程和他年輕時代的遭遇有很大關係。他三餐不繼四處流浪的結果使身體一部分的官能受到損害，而鴉片的出現幫他減輕了這些痛苦，也才會使他經常性地吸食它，到最後變成不能一天沒有它。他不僅沒有否認，甚至還天真地承認在第一次嘗到鴉片神祕的樂趣之後，他馬上迫不及待想要再重新品嘗這樣美妙的體驗。他只期待讀者諒解一件事：這一切都是其來有自的。至於他第一次與鴉片接觸的經過，那說起來是一個純粹的巧合。那時候他牙痛得很厲害，使他直覺地認為那是他沒有遵守自小養成的生活習慣的結果：從他小時候起，他每天都會把頭浸在冷水裏。於是這一天，他草草執行了這一項儀式，完全沒有料想到身體承受不了這樣激烈的虐待。他也沒有把頭擦乾，整個頭還濕漉漉地就又躺下來休息。接下來的二十天，他在頭殼和臉頰的部位感到強烈的頭風，到了幾乎無法忍受的地步。第二十一天，也就是1804年秋天的一個星期日下午，他在下著小雨的倫敦街頭漫步（那也是他進大

學後第一次重訪倫敦），希望藉此轉移注意力。他在路上碰巧遇上一個同學，後者建議他試用鴉片。他抱著姑且一試的心態，按照藥劑師指定的劑量服用。一個小時之後所有的疼痛竟然都奇蹟似地消失了。這個神奇的效力的確很不可思議，可是假如拿它與稍後他所嘗到的新鮮樂趣相比，那又是小巫見大巫了。多麼暢快的感覺！多麼繽紛多彩的異想世界！有了這個萬靈丹，人還會有什麼解除不了的痛苦嗎？

「哲學家花了多少世紀在研究幸福的真義，到現在都還眾說紛紜。原來解答竟然就在這裏！幸福這種東西可以用一便士買到，放在上衣的口袋裏帶著走；狂喜的情緒可以裝在一個瓶子裏，寧靜的心可以交給郵車去傳遞！讀者會說我在開他們的玩笑。我承認，開玩笑自我解嘲是我過去在痛苦之中養成的習慣，可是我要在這裏鄭重告訴讀者：和鴉片有瓜葛的人不會笑得很長久。甚至連鴉片帶來的欣快感都帶有一點莊嚴沉重的氣氛。吸食鴉片的人即使是處在快樂的巔峰，從外表看起來也不會讓你聯想到輕巧的**快板**。他的思想和言語都充滿沉穩的**行板**的氣質。」

作者寫這一段話最主要的用意在於洗清人們加諸鴉片的冤枉指控。鴉片並不會讓人變得腳軟，也不會把人薰醉，至少對於人的理性官能而言它沒有那個能耐。如果過量的鴉片酊會使人酩酊大醉，那個錯並不在鴉片，而是那個被套牢在那裏面的心靈。為了使他的說明更清楚，作者一項一項比對

酒類和鴉片在人身上所產生的效果，毫不含糊地列舉它們的差別。根據他的說法，酒所帶來的快感是逐漸增強的，越過快感的高峰那興奮感便會慢慢平息，可是鴉片的效果一旦開始顯現，它會在接下來的八或十個小時內保持一定強度。一個是高密度的快感，另一個是細水長流的享受。一個是烈焰，另一個則是溫吞的文火。可是，這兩者之間最大的不同卻是在於：酒會擾亂人的官能，鴉片的本質卻是在其中引進最和諧的秩序。

酒會瓦解人的自制力，鴉片卻讓人以平常心與更有彈性的方式展現他的自我控制。不論是鄙視或仰慕的情結，還是愛與恨的糾纏，人們都知道酒能助長這些情緒，使它們發揮強烈而短暫的威力，可是鴉片不一樣，它以一種聖潔的情操統馭人的官能，處處表現了自我節制的特性。喝醉酒的人會勾肩搭背，甚至痛哭流涕發誓說兄弟交情至死不變，把旁邊的人搞得滿頭霧水。很顯然地，這是人的感性層面所能達到的頂峰了。鴉片也會引起善意膨脹的現象，但那不像發高燒那樣令人神志不清，而是人類原始善意的表現。當我們排除了所有侵蝕人類高貴本性的怨懟情緒之後，人們對公義的熱愛便會透過自然的方式流露出來。作者最後的結論是，不管酒的好處有多大，我們不能否認借酒裝瘋的人實在太多了，如果那不是什麼了不得的罪過，人也因此而變得浮誇淺薄，而且，飲酒一旦過量，人的理智就會像蒸氣一樣消失不見。

相對地，鴉片似乎一直有利於撫平人們激動的情感，幫助人們收拾凌亂的思緒。如果說人性最單純、可是也往往是最粗暴的那一部分經常藉助酒興來篡奪人的主體性，那麼人性最富有道德情感、最清澈無礙的那一面往往會透過鴉片得到無限舒展的自由。他的思想好像翱翔在萬里無雲的晴空中，遠離塵世的煩惱與憂傷。

作者接著澄清另一個關於鴉片的訛傳。根據這個說法，人的思想有可能因它而享受到意興風發的快感，可是沮喪的低潮一定會尾隨而至。快感越深刻，低潮也就越強烈。人們還說，服用這個藥物一定會很快地導致官能的停滯與鈍化。作者不僅否定這一項指控，而且現身說法告訴讀者，十年以來每一次他吸食鴉片的隔天精神狀態都出奇良好。很多作家都描述過鴉片所引起的昏睡狀態，而委靡墮落的土耳其人也使人們更加深信這個說法，可是作者很確定他從來沒有見過這種事。根據鴉片在藥理學上的分類，它很有可能在經過長期使用之後產生類似古柯鹼的症候，可是無論如何它一開始所引發的一定是刺激興奮的效果，而且這個亢奮的狀態至少會維持八個小時。某些吸食鴉片的人沒有好好調節自己服用鴉片的方式，他的自然睡眠因此受到古柯鹼效力的干擾，那是他們自己的錯。作者接著描述了他自己兩個美妙的經驗，他的用意是**讓實例自己說話**，讀者在觀察之後便可以自己判斷鴉片是否會對英國頭腦造成危害。從1804到1812年，他

在倫敦消磨過一些愉快的鴉片之夜。事實上，那時候他專心投入研究，所有的時間都花在那上面，因此他覺得自己和所有努力工作的人一樣，有權利在工作結束之後享受一些最適合他口味的娛樂與消遣。

「如果上帝允許，那麼下個星期五，我想要大醉一場。」這是已故的⋯⋯公爵的名言。我們的作者倒是照著這句話身體力行：某一段時間裏，多少次，什麼時候，這個他最愛的享受都事先被他規劃好了。那通常是每三個禮拜一次，很少有多出來的，而且一定是在星期二或星期六晚上，也就是上演歌劇的日子。那個時候最受歡迎的音樂家是葛拉悉尼[42]。這個音樂，與其說它像悅耳的音符所形成的單純系列，不如說它像魔術家的口訣；成串的咒語傳到他的耳朵，喚醒他一生的過去，讓它重新浮現在心靈之眼前面。讓鴉片詮釋音樂，照亮音樂：這就是他最愛的理智的狂歡節，所有不是魯鈍到極點的心靈都可以輕易想像這個壯觀的場面。很多人都有這樣的疑問：聲音可以含藏任何意念嗎？他們要不是不知道就是忘記了：詩與音樂是分不開的。音樂所要表現的——和詩一樣——是感情而不是意念；沒有錯，它可以引發人的聯想，可是它本身並不直接包含意念。作者說他所有的過去都在音樂之中重新活過來，但那並不是他努力回想的結果，

---

42 葛拉悉尼（Grassini）。

而是一個復活的神祕過程。對往事的追憶不再令人感到傷痛，而浮華世界裏所有避免不了的刻薄與殘酷在此刻也都被蒸融在理想的雲霧裏。他昔日的熱情得到昇華，變得更高貴，更理想化。如果說這些人物與事件組成了一個心靈劇場，那麼鴉片與音樂就是照亮這個劇場的燈光。這個劇場一次又一次地上演著他早年經歷過的場面：那個逃離學校的年輕人，那些跋涉過的山巒與道路，那些熱心招待他的威爾斯鄉親，以及倫敦看不到盡頭的黑暗大街，劃破黑暗的淒厲閃電。一幕一幕的場景讓他再度溫習令人深深感念的友誼，以及支撐他走過漫漫長途的精神支柱：如果當初他沒有美好遠景做為精神寄託，也沒有安給他的柔情，他不知道今天自己會是在哪裏！演奏中場休息的時候，音樂廳裏到處可以聽見人們用義大利語聊天，而出自貴婦口中的外國語言聽起來更特別具有韻律感，使整個夜晚變得更加神奇。一種聽不懂的語言傳到我們的耳朵時，我們對它的音調、韻律以及節奏和諧與否感觸特別敏銳，那情況好比人第一次看到某個地方的風景，那是他感受最深、享受也最純粹徹底的時刻；他的感官還沒有被習慣性的觀點磨鈍，可以從容完整地親炙大自然奇特的本質。

可是在某些星期六的晚上，他會暫時割捨對義大利歌劇的喜愛去耽溺於另一種更奇異、更令人入迷的誘惑。這種誘惑和音樂的魅力難分高下，我們可以把它稱為「業餘慈善家

的遊戲」。我們知道作者年輕的時候就一個人被捲入大都會人情冷暖的漩渦裏，嘗過很多苦頭。而如同讀者所觀察到的，他不僅本性善良，感覺纖細敏銳，為人也情深義重。即使他的性情沒有這麼溫和柔順，我們也不難想像有過這種遭遇的人會更懂得體恤窮苦的市井小民，為他們打抱不平。當年那個窮學生，白天在路上漫無目的地遊走，晚上睡不著，也等不到漫漫長夜的盡頭。現在他想要再一次投入這一片無邊的人海，體驗這些百姓樸實的生活。他渴望像一個在海裏游泳的人，張開雙臂，零距離擁抱整個大自然。這一段文字處處流露了高貴的情操，我讓作者用他自己的話來描述：

「我說過要享受這個樂趣就得等星期六晚上。為什麼非得要星期六晚上不可？其他日子不行嗎？我完成了什麼重大的任務，需要在那個時候好好休息嗎？有什麼特別豐厚的薪水在等我去領嗎？除了調整好心情來享受葛拉悉尼的音樂之外，星期六晚上有什麼好操心的？沒錯，親愛的讀者，你的邏輯推理很嚴謹也很正確。可是，人類千變萬化的感情不是只靠邏輯思考就能解釋的。我發現大多數人看到貧民就會直接想到他們的苦惱與憂愁，同時產生一股惻隱之心，那就是他們對窮人表達關懷的方式。而我，我關心他們的方式卻是感同身受地分享他們的快樂。貧窮的痛苦我看得實在太多了，多到使我不想再勾起那些回憶。可是，我從來不會因為想到窮人的樂趣而感覺心情沉重。是的，窮人也可以從心靈

的慰藉與肉體疲勞的紓解之中品嘗屬於他的樂趣。對窮人而言，星期六晚上是很特別的時刻。周而復始的休息就是從星期六晚上開始，平時互相排擠的教派在這個時候也暫時休兵，分享博愛的精神。在這個晚上，全世界所有信仰耶穌基督的子民都擱下工作來休息。這個寧靜的夜晚是帶領他走進一段心靈和平的序曲：在這一刻和下一回勞苦開始之前，中間隔了一整個白天和兩個夜晚。這是為什麼我總覺得自己也在這個時候卸下了勞動的桎梏；在我的想像裏，等我領取的薪水，還有一份享受休息的特權，這都發生在星期六晚上。我常常在星期六晚上服用鴉片之後出門散步，為的就是巨細靡遺地見證這些深深感動著我的景象。我隨便走上一條路，也不管路有多遠，就這樣一直走到完全陌生的地方，逛逛窮人們最愛去的小市集。那是他們湊在一起，花用薪水的時刻。我觀察過好幾口家庭，注意聽一家子的男人、女人與小孩如何摸摸自己的口袋，比較日常必需品的價格與自己的預算，決定什麼才是這一筆錢最好的用法。漸漸地，我對他們的欲望與禁忌有更熟悉的了解。有時候，我會聽見他們發牢騷，可是其他絕大部分時間，我從他們的體態和對話裏看到的是耐心、希望與寧靜。從這個角度來看，我必須承認窮人通常比有錢人更懂得發展自己的一套人生哲學：對於一些沒有辦法挽救的災難或者無法彌補的損失，他們會以比較爽快的態度和豁達的心情予以捨棄。只要一有機會，我就混在他

們中間，而如果這樣做不會顯得太突兀的話，我甚至會加入他們的對話，發表意見。或許那些意見根本沒有什麼價值，可是人們對我的態度一直都很禮貌很友善。如果薪水漲高了一點點，或者有漲高的可能，如果麵包變便宜了，如果有人傳布消息說洋蔥和奶油很快就會跌價，我就感到快樂無比。而如果情況正好相反，我就轉向鴉片尋找安慰。鴉片和蜜蜂其實很相似：不管是玫瑰花還是煙囪裏的煤煙，只要有蜜可以採，蜜蜂不會挑剔。同樣地，鴉片的巧手可以籠絡不同的情緒，讓這些情緒跟著它音叉的頻率振盪。有時候這些夜遊把我帶到很遠的地方，因為吸食鴉片的人一心享受快活的情緒，感覺不到時間的流逝。最後，我實在不得不掉頭往回走了，那時候我就參考航海家的法則，緊緊地盯著北極星，滿懷希望往西北的方向走，避開來時路上重重的陷阱。忽然，我發現四處都是迷宮一樣的小馬路，每一條都是走不通的死胡同。如果我是一個轎夫，或是出租馬車的車夫，這種無路可走的窘境可以讓我羞愧到恨不得去撞牆。即使如此，我還是有辦法想像自己是發現這些處女地的第一人，而且還會懷疑那些製作倫敦新版地圖的人是否知道有這些地方的存在。當然，那時候我一點也沒有想像過這些樂趣背後隱藏了巨大的陰影。幾年之後，我為它們付出慘痛的代價：我會在夜裏夢到當年在巨大的倫敦中央迷航的景象，**夢中的人個個面目猙獰，使我心悸**；我的道德感與理智搖搖欲墜，良心受到焦

慮與懊悔的情緒反覆煎熬，連房子也被一陣狂風橫掃而過
⋯⋯」

　　根據作者所描寫的例子，鴉片並不必然會把人帶向懶散
混沌的狀態。相反地，它激發人的想像力，把他引向人來人
往的熱鬧場所。但是一般而言，劇院與市集並不是吸食鴉片
的人最喜歡去的地方，尤其是在他達到欣快感的高潮時，人
群會對他造成壓迫感，音樂在他的耳朵裏也變成了庸俗的噪
音。他會比較喜歡獨處，喜歡寧靜，好讓他深沉的狂喜與夢
境得到充分舒展的機會。懺悔錄的作者一開始擔心掉入自己
性格傾向的陷阱，擔心自己會成天在做白日夢，自憐年輕時
的坎坷遭遇，耽溺在晦暗的憂鬱情緒裏，所以他才會那麼樂
意走進人群，投身在無邊人海裏。不管在科學研究的領域還
是在人類社會裏，他都表現出某種壓抑本性的疑病傾向。當
他早年的暴風雨終於成為過去之後，他不再圍堵自己的本
性，允許自己盡情地享受遺世獨立的生活。在晴朗的夏夜
裏，他不止一次在窗前靜靜坐上一整夜，從日落坐到日出，
連換個位置都懶得去想。他的眼睛滿是深邃遼闊的風景，他
的心靈則充滿了這一幅景象所引發的悠長而芬芳的冥想。一
片大海，一座大城市：一幅壯麗的自然寓意畫就在他面前展
開了。

　　「在模糊的雲霧之中，在朦朧的夜光下，城市代表了大
地。它的憂傷與它的墓園雖然很遙遠，可總還是停留在我的

視野裏，沒有完全湮沒在我的記憶裏。遠方，無邊的寧靜當中，永恆的海洋正在和緩地呼吸，它代表了我的心靈，也是指揮我意向的舵手。那是我有生以來第一次從一個距離之外來審視波瀾起伏的人生。所有的喧囂、狂熱與爭執都在那一刻暫時休止，我那長久以來暗自抑鬱的心也得到暫時的休息；那是神話般的憩息，所有綑綁人類的勞苦都被掙脫了。生命的路上開滿希望的花朵與墳墓深處超然的和平不再是兩股衝突對立的力量。我的思想和天空裏的星辰一樣殷勤流轉，卻沒有一絲躁動與不安。這種寧靜祥和的感覺並非源自於情緒上的惰性，而是兩股龐大高超的力量對峙較量的結果；無比激動之後，無邊的休息！

「啊！公正、微妙而偉大的鴉片！你擁有天堂的鎖鑰！……」

我曾經引用作者這些報答感恩讚歎的奇怪呼喊來開啟這一片文字，可是拿它們做為鴉片欣快感的墓誌銘也很恰當。事實上，它們在原版的懺悔錄中的確是出現在這裏。它是宴會結束時的煙火。故事接下來的場景很快就轉成灰暗，暴風雨開始在黑夜深處無聲地斂聚。

四 鴉片的折磨

　　作者在1804年第一次使用鴉片。後來他開始了學者的生涯，度過八年快樂時光，生命的境界也得到提升。現在是1812年，他早已遠離牛津，在兩百五十英里外的深山裏隱居。我們的英雄（對於這樣的形容，他當之無愧）在那裏做什麼？他在吸鴉片！除此之外呢？他研究德國形上學，研讀康德、費希特與謝林❹的著作。他的小房舍位在一個人煙罕至的地方，只有一個女僕陪他一起度過幽靜的日子。沒有結婚嗎？還沒有。照常吸鴉片嗎？每個星期六晚上。這個攝生法從1804年那個下雨的星期天開始之後就一直跟隨著他嗎？哎，沒有錯！那麼，他的健康呢？這麼久的時間、這麼規律的狂歡對健康會沒有影響嗎？根據作者的說法，1812年春天是他有記憶以來感覺最幸福的日子。讀者應該還記得：到現

43　康德（Kant）、費希特（Fichte）與謝林（Schelling）皆為德國哲學家。費希特承續康德的唯心主義哲學，是主觀性和意識的哲學思考主要奠基人之一。謝林處在費希特和黑格爾之間，以其對自由、絕對和人與自然之間的關係的探討而著稱。

在為止鴉片對他而言一直都只是一項娛樂，它還沒有變成每日必備的養分。他向來都只在固定的時間間隔使用固定的劑量。或許這個嚴謹的規律延緩了藥物恐怖報復的時刻。但是不管怎樣，一個新的階段在1813年展開了：他沒有解釋前一年的夏天發生了什麼不幸事件，可是他顯然受到很大的打擊，不只感到精神沮喪，連身體也受到影響。從1813年起，胃部輕度發炎的症狀便讓他感到很不舒服，而令人訝異的是，那種感覺讓他想起了多年以前住在神祕律師大房屋的日子，以及那些充滿焦慮的夜晚。那痛苦的折磨如出一轍，所有病態的舊夢也一起回來找他。原來如此！我們還需要長篇大論來描述這個新考驗所有的細節嗎？有過這種遭遇的人，內心掙扎的過程很漫長，其間所隱含的痛苦會把人逼到崩潰的邊緣，使人筋疲力盡，但是只要他一伸手，就可以拿到逃脫的解藥。我們身邊不乏有人為了日常生活裏輕微的痛苦而四處尋找一些紓解的油膏，而且還因此而擾亂生活的規律，即使犧牲自己的意志力也在所不惜。面對這些忍受身心痛苦的人，我可以毫不猶豫地說：你們之中如果有人從來沒有犯過錯，甚至連犯錯的念頭也沒有動過，你可以儘管向我們的病人丟第一塊石頭！我想，這樣說應該很清楚了。作者用非常誠懇的態度請讀者相信：他的生命出現一個緊急的狀態，使鴉片變成每一天都不可少的東西，它變成一種戒不掉的需求，一個躲不掉的命運。就當時的情況來說，想要用其他方

式活下去是不可能的。再者，勇敢的人真的有那麼多嗎？有多少人願意為了一個遙不可及的好處付出無比的耐心，時時刻刻使出全新的力氣，迎戰那無所不在、永遠克服不了的痛苦折磨？如果他真的那麼勇敢，那麼有耐心，即使他戰勝了也沒有什麼值得稱道的。反而是那個只抵抗得了一時的人，他在短短的時間裏所使出的精神力量可能大到令人難以想像。人們性情的差別不就像化學劑量比例變化那麼微妙嗎？**「在這種神經過敏的狀態下，叫我耐心去聽道德學家說教，不如沒收我的鴉片，看我苟延殘喘。這兩者是同樣不人道的懲罰！」**這一句重話說得好，令人找不到反駁的理由。現在，他已經不再要求讀者對他的行為從輕發落了。他要的是平反。

這個發生在1813年的危機最後總算有一個了結，我們也猜到了結局是什麼。從那個時候起，問說我們這個獨行俠今天有沒有吸鴉片，就好像問他那一天**他的肺有沒有正常呼吸，或者他的心臟有沒有正常跳動**。吸鴉片變成一年三百六十五天的事，再也沒有所謂的齋戒與禁食！鴉片變成他生命的一部分！1816年是他活得最快樂、腦筋也最清醒的一年。他告訴讀者說，就在那之前，他忽然輕而易舉地從每天三百二十顆鴉片，也就是八千滴鴉片酊的劑量，一次減低到四十顆，換句話說，他對這個奇怪食物的攝取量一下子降低了八分之七❹。從前，他頭頂上總是籠罩著昏沉沉的憂鬱陰影，

現在，陰影忽然像變魔術一樣煙消雲散，他感覺精神又重新變靈活了，幸福又變成可能的事了。他每天只服用一千滴鴉片酊（多麼有分寸！），並且重拾康德的著作，感覺心領神會，茅塞頓開──至少他是這麼想。一種輕快的感覺與精神上的喜悅又在他心中蓬勃生發。那些強烈豐沛的快活感覺使這些形容詞都顯得太過輕描淡寫。這個全新的精神狀態不僅對他的工作大有助益，同時也讓他能夠更順利地實踐博愛的信念。那一種善念會使人對身旁的同類表現關懷、到了討好的地步，它甚至和醉漢的慈善心腸有一點相似。我這樣說並沒有要對作者表示任何輕蔑或不敬的意思。一天，在最奇怪也最自然的情況下，這個慈善心被施加在一個馬來人身上。我們要好好記住這個馬來人，因為他稍後還會出現在作者的故事裏，而且是以一種陰魂不散的方式出現。在一個善於夢想的人的生命裏，一個偶發事件所可能引發的回響與共鳴就是這樣地無法預測。他的精神有如一潭平靜的水，一塊來自偶然的小石頭被投擲在那上面，激起的漣漪層層往外傳遞，擴大到無限遠的地方：有誰能夠想到這一點而不感到震撼呢？

有一天，一個馬來人來到這個人煙罕至的地方敲門。為

---

44 製作鴉片的方法隨著年代與地方不同而有所差別，現今已經完全無法查出作者寫作時換算固態與液態鴉片劑量的標準。

什麼一個馬來人會無緣無故跑到英國的深山裏？或許他要去的地方是四十英里外的那個海港。而給他開門的女僕連英語也懂不了多少，更不要說馬來語了。這是她頭一回撞見裹頭巾的人，驚嚇實在不小。可是她急中生智，想到她的主人既然是個無所不知的學者，他應該會說地球上任何一種語言，連月球語也可能難不倒他，因此她急忙找他出來，請他行行好，驅趕這個賴在廚房不走的魔鬼。這兩個互瞪的臉孔形成一個詭異好笑的對比：一個充滿薩克遜人的傲氣，另一個則流露亞洲人的奴性；一個有如玫瑰紅潤，另一個則是枯黃乾瘦，兩個移動的小眼珠閃現不安的光芒。我們的學者為了保護他在僕人與鄰居眼裏的形象，便開口對這個不速之客說希臘話。馬來人也開口回答，他說的應該是馬來語。兩個人都不知道對方在說什麼，所以一切都很順利。馬來人在廚房的地上躺下來休息，一個小時之後又爬起來，準備繼續上路。如果這個可憐的亞洲人真是從倫敦一路走過來，那麼他很可能有整整三個禮拜沒有和任何人打過招呼，交換隻字片語。想到這一點，作者善心大發，想要做一點事來減輕他一個人旅行的寂寥。他想到從那個地方來的人應該認識鴉片這種東西，便在陌生人上路之前給了他一大塊珍貴的鴉片做為禮物，表達他的地主之誼。還有其他更高貴的表達方式嗎？我們可以從馬來人的表情反應看得出來他知道鴉片是什麼東西；一塊足以使幾個人斃命的鴉片，他一口就吞下去了。我

們的慈善家看到這個畫面著實為他捏了一把冷汗，還好接下來那幾天沒有聽說有任何馬來人被發現橫躺在路邊。所以我們可以下結論說這個怪客已經習慣於毒藥的藥性，而善心的作者也得到他希望獲得的成果。

我相信那個時候鴉片吸食者還是很幸福的。對於喜歡**安逸**⑮、喜歡學問與獨處的人來說，那是幸福的最高境界：一座可愛的莊園，一間耐心建構起來的書房，一個深山的嚴冬。美麗的房子使寒冬顯得分外詩意，而寒冬也反過來使房屋充滿浪漫的氣氛，不是嗎？

這個白色莊園坐落在一個小山谷深處，四周被高高的山丘環抱著。每一年從春天、夏天到秋天，從英國山楂花到茉莉花，莊園周圍的樹叢都開滿了花朵，房屋的外牆好像掛了一幅色彩富麗的壁毯，在窗戶四邊圍成一個充滿芳香的窗框。可是，對於他這樣一個喜愛做夢與冥想的人來說，最美麗的季節、最溫馨的日子非冬天莫屬；越嚴峻的冬天他越喜歡。有些人一遇到晴暖的冬季，或者看到冬天提早結束，便歡喜不已，感謝天公作美。而他，他每一年都要向天空索取他應有的那一份風雪、冰雹與霜霰。只有加拿大與俄羅斯的冬天才會讓他覺得值回票價。這樣的冬天讓他的蝸居顯得更加溫柔、暖和、可親：下午四點才到，蠟燭就被點亮，熊熊

---

45 "comfort"，作者在此處使用英文。

的爐火，紮實的地毯，垂掛到地板上厚重的窗帘，泡茶技術
一流的女僕，從晚上八點喝到凌晨四點的熱茶。如果這個世
界上沒有冬天，這些樂趣一項也不會存在，也就是說，嚴寒
的溫度是所有這些安逸樂趣的必要條件。再說，這些享受一
點都不便宜，我們的夢想者既然花了這麼一大筆財富，他自
然有權利要求冬天給他一樣多的回報，這才符合禮尚往來的
規矩。他莊園裏有一間很小的沙龍，稱它為書房可能還更恰
當，因為作者在那裏擺放了五千本藏書，那是他用耐心開疆
闢土、一本一本買來的。壁爐裏的火焰熊熊燃燒，爐臺上擺
了兩組附帶碟子的茶杯。先前作者已經暗示，慈善的伊麗克
綴會以她天使般的笑容與魔力來美化這一整個莊園。描述她
的美，有必要嗎？讀者可能會認為這個光明的力量可以用塵
世的畫筆勾勒出來，是個純粹的物理現象。那麼，再來看看
盛放鴉片酊的細頸玻璃瓶。那個玻璃瓶實在很大！倫敦的藥
劑師離這裏太遠了，沒有辦法三天兩頭去採買。沙龍的桌上
有一本德國形上學的書不經意地攤開，可見主人作學問的企
圖心不僅沒有磨滅，而且還歷久彌新。深山的風景，寧靜的
隱士生活，奢侈的生活品味，冥想無邊的樂趣，冷冽的冬
天，有助於集中精神力量的所有事物：是的，這就是幸福。
如果我們不堅持叫它做幸福的餘暉，或者間歇性的命運表
現，甚至苦難中的狂喜，那麼幸福就在這裏面。事實上，我
們正一步一步接近作者下一段的黑暗歲月，那時候他將不得

不「向這個溫柔鄉告別，冬天和夏天，微笑和歡笑，心靈的和諧，平靜的夢想與希望，睡眠溫柔的慰藉，向所有這一切揮手道別」！接下來三年多的時間，平凡的幸福變成一塊禁地，我們的夢想者變成一個被放逐的人，被迫走進「史詩般壯烈的災難；鴉片折磨人的時候到了」。由黑暗所交織成的天羅地網覆蓋了那一段陰鬱的歲月，可是一些瑰麗醉人的景象還是會偶爾把它給刺破：

> 好比一個精湛的畫家，拿畫筆
> 蘸染地震與日蝕的漆黑墨水

雪萊[46]這些詩句讀起來非常深沉，頗有彌爾頓[47]的韻味，用它們來描述鴉片世界的顏色感覺很逼真。被鴉片所制服的腦子環顧四周所看到的，就是這樣灰暗的天空與無可逃脫的地平線。在這沒有邊際的憂鬱世界裏，最令人感到沮喪的莫過於那種身陷酷刑卻無法逃脫的無力感！

我們的懺悔者（即使他很可能是那一種隨時會重新墮落在罪惡裏的懺悔者，我們偶爾這樣稱呼他也無所謂）寫到這

---

46 雪萊（Shelley），英國浪漫主義詩人。

47 彌爾頓（John Milton），英國十七世紀政治家與作家，寫就了使他名揚後世的三部偉大長詩：《失樂園》（*Paradise Lost*），《復樂園》（*Paradise Regained*）和《力士參孫》（*Samson Agonistes*）。

裏的時候提醒我們，不要期待在這一段敘述裏找到嚴謹的條理，也不必去確認事件發生的先後順序。他寫這一段文字的時候自己一個人住在倫敦，沒有親友可以擔任義工為他做秘書的工作整理文件，他也沒有辦法只依靠塵封的記憶與低落的情緒來完成一個流暢的敘述。這個時候他不再以戰戰兢兢、如履薄冰的心情來寫作了，我們甚至可以說他再也顧不得羞恥，從此放手寫下去，他認定了自己的書大概在十五年、二十年後才會有人讀，而且那些讀者會體諒他，不需要他浪費時間堆砌婉轉的措辭。他必須要給一個慘烈的生命階段留下完整的記錄，但是並不知道以後還會不會有同樣的力氣與機會來完成，所以他那時候只管使出全身的力氣來完成這一件事，其他什麼都不想。

　　讀者會說：既然如此，為什麼你不想辦法逃離鴉片的恐怖世界，比如說戒掉它或者減低劑量？他確實花了一段很長的時間與很大的努力來嘗試減低劑量，可是，這些垂死的掙扎活像一幅殘酷廝殺的場面，只要你見過這種場面，你會馬上哀求他趕快投降了事。如果每天只減少一滴，或者偷偷多加一點水，這樣會沒有用嗎？他計算過了，那要花好幾年的時間，還不能保證有任何具體成效。而且所有吸食鴉片的人都知道，在陷入到某個程度之前要降低劑量不是太困難的事情，那甚至還是一件愉快的事，但是一旦越過這個門檻，所有降低劑量的企圖都會帶來非常強烈的痛苦。既然如此，為

什麼不乾脆快刀斬亂麻，用幾天的時間一次戒清？在鴉片的
世界裏，沒有一次戒清這回事，而且痛苦的根源也不在那
裏。要知道，鴉片的劑量降低後，人的生命力反而更加旺
盛，脈搏跳動更有力，健康狀態也明顯改善，但是可怕的胃
炎、大量出汗與全身上下不舒服的感覺也隨之而來；這個現
象可以歸咎於人的生理官能與心理健康兩者之間失去平衡的
結果，而且其中的道理並不複雜：人的肉體構成他存在的物
理基礎，吸食鴉片的人讓鴉片凌駕肉體，馴服它，把它簡化
到唯命是從的卑下地位。當你嘗試減低鴉片的劑量時，肉體
便想要翻身，恢復它原先的地位，可是一直到那時候為止，
心靈的帝國是鴉片唯一的受益者，減低鴉片劑量對於這個帝
國構成一種挑釁與威脅，也等於在破壞一個平衡狀態。這個
平衡狀態不會輕言干休，它會強烈抵抗任何改變。即使不提
胃部發炎與大量出汗的痛苦症狀，一個人要是身體充滿旺盛
的活力，而精神卻處在不安又無力的狀態，他神經緊張的程
度是不難想見的。這種極端的情況通常會讓病人選擇對命運
低頭；他寧可繼續生病也不願意痊癒。

　　我們的鴉片吸食者中斷他的研究也有好一段時間了。有
時候他會順應妻子與一位來喝茶作伴的女士的要求，高聲朗
誦一篇華茲華斯❹的詩。對詩的熱愛使他偶爾還會拿起大詩
人的作品來品味。可是他所擅長的哲學卻被他徹底荒廢了。
哲學與數學研究需要持恆刻苦的努力，而由於他精神狀態的

脆弱程度根本不允許他天天忠實地履行這個責任，所以他選擇在研究之前黯然回避，不做無謂的掙扎。他曾經發誓要付出畢生精力完成一本鉅作，並且從史賓諾莎[49]未完成的文稿得到靈感而把書名取為《人類知性改革論》。這本書寫到一半，從來沒有被完成，就像蓋了一半的宮殿，讓後人想起那些好大喜功的政府與粗心大意的建築師而徒增傷感。這一本書原本應該是他留給後世的信物，反映他為人類處境所做的種種無私奮鬥，可是它現在反映的卻是作者的脆弱與他過大的野心。幸好他還繼續把政治經濟學當做一種娛樂來研究。雖然政治經濟學是一門整體性的科學，它某些部分還是可以被獨立出來個別研究。有時候他的妻子會把國會裏的辯論或書店裏關於政治經濟學的新書目錄念給他聽，可是對於像他這樣熟悉邏輯又學問高深的人來說，那一份精神食糧實在少得可憐，把它比做殘羹剩飯也不算過分。後來，一個住在愛丁堡的朋友寄了一本李嘉圖[50]的著作給他。他連第一章都沒有讀完就忍不住大叫一聲：「就是他！」他稍早曾經預告說

48 華茲華斯（William Wordsworth），英國浪漫主義湖畔詩人之一，與雪萊、拜倫齊名，代表作有與柯爾律治合著的《抒情歌謠集》（*Lyrical Ballades*）、長詩《序曲》（*Prelude*）等。曾當上桂冠詩人。

49 史賓諾莎（Spinoza），西方近代哲學史重要的理性主義者，出生於阿姆斯特丹，與笛卡爾（Descartes）和萊布尼茨（Leibniz）齊名。

50 李嘉圖（David Ricardo），英國政治經濟學家，對經濟學做出了系統的貢獻，被認為是最有影響力的古典經濟學家。

這個領域將會出現一個開山祖師,看到李嘉圖的著作,他的驚訝與好奇心又再度被點燃起來。可是這個插曲對他最大的意義應該是:他發現了自己並沒有對所有的讀物喪失興趣。在這種情況下,他對李嘉圖的仰慕自然也大為增加。這麼深刻的著作真有可能出現在十九世紀的英國嗎?他以為英國的土地再也不能生產任何有價值的思想了,而李嘉圖卻一舉發現最根本的定律,為一個全新的科學領域打下基礎;黑暗混亂的物質世界讓數不清的前輩迷失在裏面,他卻在這一片混沌裏投下一道曙光。我們的夢想者好像一下子變年輕,找回工作與思考的熱情,一邊朗誦,一邊請他的妻子幫忙速記,就這樣著手開始一本新書。他認為李嘉圖已經用他犀利的眼光建立幾個基本原理,這些原理如果透過他用代數方法加以解析,寫成的小書應該會很值得一讀。在這個病人熱心的努力之下,《未來政治經濟學系統緒論》這一本書完成了。他與一個住在十八英里外的印刷商談好出版條件,還聘請了一位助理來幫他做文字處理,爭取時間。這一本即將上市的書被新書目錄連續推薦了兩次,但是書卻遲遲沒有上架。哎!書的前言還沒有寫(寫前言是最讓人頭痛的差事),一篇向李嘉圖致敬的精彩文字也沒有著落。看來,以往過度縱慾的結果使他的腦袋好像被挖空,也使這些文字都變成了沉重可怕的工作負擔!啊!一個神經質的作者就這樣變成內心情緒的俘虜,實在令人感到不堪!無力感像極地冷峻可怕的冰山

矗立在他眼前，所有出版的安排都一個一個被取消，寫作助理也被遣回，系統緒論充滿羞愧地躺在它的前輩，也就是史賓諾莎的草稿旁邊，永遠沒有問世的一天。

這個情境想來多麼可怕！橋的這一邊是夢想的美麗田野，另一邊是透過具體行動得來的豐收，你的精神空有那麼多構想，卻完全沒有能力跨出一步路越過那一座橋！

我相信所有有過創作經驗的人都體會過那種身不由己的急迫性，也不需要我在這裏浪費唇舌，描寫一個充滿洞見的高貴心靈在反抗鴉片的詛咒時會感到如何絕望。那個魔法是多麼可惡！我先前已經描述過大麻削弱人的意志力的特性，那些敘述完全適用在鴉片身上。回覆信件？多麼浩大的工程。能拖一個小時算一個小時，拖一天算一天，拖一個月算一個月。缺錢用？那只是個惱人的遊戲。他對於政治經濟學感覺已經越來越生疏，至於家庭經濟學，那更不用說了。如果受到鴉片侵蝕的腦袋被徹底掏空，那麼它所帶來的痛苦或許還比較可以忍受。吸食鴉片的人的苦惱正是來自於他沒有徹頭徹尾地變成白癡（請讀者原諒我使用這個比較粗俗的字眼），他還是滿腦子的道德理想，空有一股完成責任的衝動，只是心有餘而力不足，完全沒有辦法採取任何行動。行動！行動這個字眼還有意義嗎？他還有力氣嘗試嗎？噩夢的重量把他的意志力全部壓碎了。落難的他變成坦塔羅斯[9]，注定要不斷地渴求一個得不到的東西：熱愛他的責任，沒有力氣

去完成。哎！他退化成一個**有神無形**的靈魂，一個充滿榮譽感卻被羞辱到體無完膚的勇敢戰士；他被命運綁在床上，暗自憤怒，形銷骨毀，而這個殘酷的命運卻又同時令他感到著迷！

　　可怕的懲罰就這樣慢慢來報到了。哎！除了精神上的無力感之外，它同時也透過更殘酷更直接的恐怖面貌來呈現。最初顯現在鴉片吸食者生理運作上的病徵看來很奇怪。那是一個起點，一連串痛苦的根源。我們知道，兒童通常特別容易在黑暗的角落裏憑著印象捏造一整個異想天地。這個能力在某些人身上是完全無法控制的，但是另外一些人卻能夠透過其意志力召喚異象或驅散它們。在類似的情況下，我們的作者發現他變回成一個兒童。從1817年開始，這個危險的能力便開始無情地折磨他。他躺下來，腦子還十分清醒，卻感覺置身在一大片崇高雄偉的古典建築物中間，一個令人眼花撩亂的喪葬遊行隊伍在他眼前經過。等他真正入睡，這個白日夢的情境便潛入他的睡夢裏，他的眼睛稍早在黑暗中所創造的一切，現在都以令人心悸的燦爛形像重新顯現。我們知道，米達斯王⁵²點石成金的手指是一種特權，也是一種諷

---

51 根據希臘神話，坦塔羅斯（Tantale）受眾神懲罰立在果樹下的水潭裏。當他伸手擷取果實，樹枝就被高高撐起，當他低頭喝水，水就往地底下沉。他代表永遠無法得到滿足的誘惑。

52 米達斯王（Midas），希臘神話中的人物，具有點石成金的能力。

刺的酷刑。同樣地，鴉片吸食者在夢境裏所見到的東西都無可救藥地化身成為確鑿的事實，令人承受不了。不管這個魔幻世界有多麼唯美詩意，它一定伴隨了深刻的焦慮與黑色的憂鬱。每當夜晚來到，他就感覺自己掉進一個漆黑的無底洞，掉到一個史無前例的深度，而且沒有重見光明的希望。即使從睡夢中醒來，悲傷的感覺仍縈繞不去，變成一種虛無縹緲的絕望情緒。這個現象與大麻的醉態有某些相似之處，先是空間感，接著是時間感，兩者先後都改變了。紀念碑與風景變得很大，大到使人的眼睛看到它就感到刺痛。空間的膨脹沒有止境，而時間的膨脹所引發更尖銳的焦慮感，持續一個夜晚的情緒與思想變成一整個世紀那麼漫長。除此之外，發生在童年的無聊瑣事與遺忘已久的生活景象好像獲得新生命，重新浮現在他腦海裏。當他醒著的時候，這些往事是記不得的，可是當它們出現在睡夢中的時候，就馬上被他**認出來**。一個溺水的人在做垂死掙扎的那一分鐘裏，一生的景象清清楚楚地映在他的腦子裏，而受鴉片詛咒的人也一樣被迫在一秒鐘裏讀完他所有思想的摘要總結。星星的光芒在白天被日光掩蓋，在夜晚顯現，同樣地，所有鐫刻在潛意識記憶裏的符號在這個時候都像隱形墨水一樣現形了。

　　作者藉助幾個奇異而可怕的例子來說明他夢境的主要特徵。在一個例子裏，兩個年代相隔很遠的歷史事件依照夢幻世界的特殊**邏輯**，以最奇怪的方式在他腦子裏湊在一起。就

像一個以喜劇開場的故事被不知天高地厚的鄉下人演出來，
最後可能落到悲劇結束的下場：

「打從年輕的時候起，我就是蒂托・李維❸的忠實讀
者，那一直是最能讓我放鬆心情的良方。不論是從內容還是
從風格的角度而言，沒有任何羅馬歷史學家讓我喜愛到這種
程度。在蒂托・李維的故事裏，羅馬人崇高的特質，莊嚴的
語言與恢弘的氣度都包含在**執政官**（Consul Romanus）這
個字裏面，而同時具有軍人身分的執政官更是其中最傑出的
代表。我要表達的意思是：國王，蘇丹❹，攝政，以及其他
所有象徵了一整個民族的尊貴人物的稱號，都比不上執政官
這個字在我心裏所激起的崇敬之情。另外，雖然我並不熱中
於歷史讀物，我還是以實事求是的批判態度研讀了一段英國
歷史：在英國內戰❺期間，關於某些人物的道德情操的記
載，以及一些在亂世中倖存下來的回憶錄常常使我讀得津津
有味。以上這兩種歷史讀物曾經是激發我思考的靈感來源，
現在則成了我夢想馳騁的廣大草原。我在清醒的時刻偶爾會

---

53 蒂托・李維（Tite-Live），西元一世紀羅馬歷史學家，寫過多部哲學和詩歌
　　著作，其中最著名的是《羅馬史》。

54 蘇丹（Sultan）是伊斯蘭教國家中依照沙里亞法規設立的政教合一統治者。

55 英國內戰是1642年至1651年在英國議會派與保皇派之間發生的一系列政治
　　鬥爭與武裝衝突，下文中的馬士頓摩爾（Marston-Moor）、新伯里
　　（Newbury）與那士比（Naseby）是其中較為著稱的戰役地點。

看到類似劇場彩排的場面，它們稍後就出現在我黑色的睡夢裏。我在朦朧之中看到一群婦人，也感覺到慶典與舞蹈的氣氛。我分不清是別人跟我說話，還是我在自言自語：『在戰爭還沒有開始之前，這些人的丈夫與父親曾經聚在一起，坐在同一張桌子前面，他們不是血親就是姻親。可是在1642年8月的某一天之後，他們再也不曾給對方好臉色看，除了戰場之外，他們就沒有再次見面的地方。在馬士頓摩爾、新伯里還是那士比，他們毫無保留地揮起利劍斬斷情絲，用鮮血抹除長年友誼的記憶。』一旁跳舞的婦人比起喬治五世宮廷裏的佳麗毫不遜色。但是，即使在夢裏，我也知道她們在墳墓裏已經躺了將近兩個世紀。忽然，這些排場在一個拍掌的聲音之後全都消失不見，一個令我心跳加速的字眼在同一個時候響起：**羅馬執政官！**在那一瞬間，領導百人兵團的保羅艾彌爾與馬略❺披著威風的戰袍，以所向無敵的氣勢像旋風一樣降臨。隊伍前面的長杆上飄揚著一片紅色的戰旗，隊伍後面的羅馬兵團發出儘人的咆哮。」一座又一座怪異醜陋的建築，像詩人在黃昏的雲朵裏看到的活動城堡一般矗立在他眼前。這些布滿了露臺、塔樓與城牆的景象，高聳入雲並且往地底下延伸，卻又很快地消失，代之而起的是一望無際

---

56 保羅艾彌爾（Paul-Emile）與馬略（Marius）皆為古羅馬著名的軍事統帥和
　　政治家。

的湖泊與水澤。水變成一個使人走火入魔的元素。我們在對大麻的研究中已經看到液體物質與它神祕的吸引力對大腦所造成的興奮效果。這麼說來，至少就它們對想像力的影響而言，大麻與鴉片這兩種刺激性物質是否存在著某種特殊關聯？而如果說人類的大腦被興奮劑刺激之後特別容易對某些意象情有獨鍾，那會不會是個更好的解釋？水很快地改變了它的面貌，原本像鏡子一樣平靜的湖水忽然變成汪洋大海。這麼多的水覆蓋了這麼大的平面，使人感到有點不安，可是除此之外，這一片水面看起來很美麗，很壯觀。忽然水面又起了另一個轉變，悽慘的畫面一下子傾瀉到作者眼前。讀者應該還記得我們的作者曾經忘情地投身在茫茫人海裏。現在，人群的臉孔變成他夢境裏的暴君：他所謂的**人臉暴政**就這樣展開了。「波濤洶湧的海面開始浮現人的頭顱。一千個、一萬個來自不同世代與不同世紀的臉孔浮在水面上，以充滿憤怒、哀求與絕望的表情仰望著天。我內心的激動像滔天大浪一樣無法平息。」

細心的讀者會注意到，一段時間以來作者已經不需要依靠想像力來創造意象了，現在意象自己以蠻橫的姿態浮現在他眼前，趕也趕不走，因為他的意志力已經被磨光了，所有的官能都不再聽他使喚。從前浪漫的回憶是他取之不盡用之不竭的樂趣泉源，現在它卻變成了源源不絕提供刑具的補給庫房。

我們先前描述過馬來人的插曲；這個馬來人在1818年使他吃盡了苦頭。他變成一個最難纏的客人。他和扭曲的空間感與時間感一樣不停地自我複製、膨脹，到最後變成整個亞洲的化身，那個和它的寺廟與宗教一樣古老、莊嚴、猙獰而且複雜的亞洲。從最平凡的生活片段到它所承載的偉大歷史，沒有一項事物不讓歐洲人瞠目結舌。宏偉古老的中國像童話一般引人入勝，同時也帶著一種古怪與不甚自然的格調。可是如果要仔細追究的話，迫害他精神的不盡然是中國；中國的意象很容易讓人聯想起鄰近的印度，而後者對於西方心靈而言更是充滿神祕色彩，令人惶惶不安。很快地，中國和印度便混淆在一起，再湊上埃及變成一個充滿威脅表情的三巨頭，一個集各式焦慮於一體的噩夢。總歸一句話，馬來人激發了他對廣大燦爛的東方世界的幻想。這一段文字寫得太精彩了，沒有辦法節略：

「夜晚一到，這個人就把我帶進一幅幅亞洲的圖畫裏。我不知道別人是否和我有一樣的感覺：我常常覺得如果我不得不離開英國到中國去生活，去適應中國的生活型態、習俗與環境，我想我會瘋掉。我恐慌的感覺背後應該有一些深層的理由，其中某些理由很可能是和其他人共通的。大體而言，南亞是恐怖意象與可怕聯想的原鄉。而因為它同時是人類物種的搖籃，所以也令人感到一種無法確切形容的敬畏。可是我覺得這還不能解釋一切。非洲和其他任何地方的原始

部落裏同樣盛行著許多奇怪、野蠻荒誕的迷信，可是沒有人會拿它們與印度斯坦⑰古老、盛大、殘忍複雜的宗教相提並論。我對亞洲的組織、文獻、信仰與其他各種事物的古老的特質總是感到驚訝不已；它的種族與名字是這樣地古老，對人產生強烈的壓迫感，使得人的年輕本色在它面前顯得微不足道。年輕的中國人是一個重新投胎的史前人類。雖然英國從來沒有建立過類似的種姓制度來教養它的子民，當它第一次接觸到這種神祕高超的組織時還是會不寒而慄；自古以來，這些種姓便各走各的，拒絕參雜混淆。只要聽到恆河與幼發拉底河的名字，我想沒有人不會打從心底生起一股崇敬的情緒。

「而使這種感覺特別強烈的原因在於南亞幾千年來一直都是地球上人口最多的地方，它是一個巨大無比的優秀**人種培植場**。這裏的人像野草一樣蔓延繁殖，而且都在大帝國裏鑄模成型，使所有與東方相關的意象與名字都添加了一種崇高的氣質。這個現象在中國特別顯著。先不談它與南亞諸國共通的地方，它的生活模式與習俗本身就令人感到徹底的厭惡，我和他們的情緒反應似乎沒有任何共通之處，這種絕對的排拒深刻到使我無法加以分析，也使我感到非常可怕。照這樣看來，和瘋子或暴徒生活在一起可能還比較容易一些。

---

57 印度斯坦（Indoustan），十九世紀歐洲對中南半島與印度次大陸的統稱。

我沒有辦法、也沒有時間用言語一一描述這些意念，可是讀者必須對這些意念有切身的體會，才能了解這些由東方意象與殘酷神話所構成的夢想如何在我的心靈裏留下恐怖的印記。

「在熱帶的燠燥與直射頭頂的光線的雙重影響下，所有熱帶地區常見的禽鳥、爬蟲走獸、樹木與植物、習俗與節目等都被我集合起來，然後零散地丟到中國或印度斯坦。類似的情緒也促使我一把拿下埃及與它所有的神祇，用相同的律法統治他們。猴子，鸚鵡，白鸚全都盯著我，對我扮鬼臉，發噓聲，或者背著我饒舌。我逃到寶塔裏，卻被固定在塔的頂端或囚禁在密室裏，一待就是好幾個世紀。我一下子變成偶像，一下子變成神父，這一刻被崇拜，下一刻又被當成祭品。我在亞洲的每一處森林都留下了逃離憤怒的梵天之神的行跡；毗濕奴怨恨我，濕婆給我設下圈套❺❽。我逃到艾西斯和歐西里斯❺❾的面前倒了下來，卻聽到人們宣告我所幹的壞事，說我所觸犯的罪行令白鸚和鱷魚異常震怒。我在永恆的金字塔裏的狹窄密室伴隨著木乃伊與人面獅身獸，棺材變成了石頭，把我活埋了一千年。鱷魚以致癌的吻攫住我，我躺在尼羅河畔的爛泥巴和蘆葦中間，全身上下堆滿了無法形容的黏稠物。

---

58 梵天之神、毗濕奴與濕婆皆為印度教主要神祇。

59 根據埃及神話，艾西斯（Isis）是死者的守護神與生育之神，歐西里斯（Osiris）是冥王也是農業之神。

「讀者或許可以透過這一段輕描淡寫的敘述一窺我的東方夢境。它那面目猙獰的劇情使我瞠目結舌，在一時之間連害怕都忘記了。可是情緒的返潮遲早會來到，那時候原先驚訝的情緒消退了，代之而起的不是可怕的感覺，而是一種對眼前所有事物的憎惡。在每一個個體、每一個形狀、每一個威脅、每一個懲罰與每一個黑暗的監獄上頭都盤旋著永恆與無限的感覺，引發令人發狂的焦慮與壓迫感。到那時候為止，讓我飽受折磨的最主要是屬於道德和精神上的恐怖情境；只有在上面所描述的夢境中，我的肉體才會感覺受到凌虐。這些夢境被猙獰的禽鳥、蟲蛇和鱷魚所佔領，尤其是那些兇狠的鱷魚，世界上再沒有什麼東西比它更醜陋可怕了。只要它們在夢裏出現，我一定是被迫與它們生活在一起好幾個世紀。有時候我逃脫了，跑到一間中國屋子裏，裏面的桌椅是用蘆葦做成的。桌椅的腳好像是有生命的東西。只要我仔細看就會瞥見鱷魚可惡的頭上兩個斜視的小眼睛；鱷魚從一個變成無數多個，從各個地方與各個角度盯著我瞧，我被困在那裏，害怕得神魂出竅。這個可惡的爬蟲幾乎無時無刻不出現在我夢裏，所以我的夢被打斷的方式也大同小異：我聽到一個溫柔的聲音對我說話（即使在昏沉沉的狀態，我什麼都聽得見）而且馬上醒過來。醒來的時候是大白天正午時分。我的孩子們穿著新衣站在我的床前，要我好好欣賞他們的裝扮，然後就要出去散步。前一刻我還在跟可惡的鱷魚與

其他醜陋不堪的怪物搏鬥，這一刻卻被天真無邪的孩子包圍——不是別的，而是**人類**的孩子——這個轉變實在太巨大了，以至於我的精神感受到一股突如其來的強烈痙攣，我在親吻孩子們的臉頰時眼淚也禁不住滾下來。」

作者的夢境宛如一個古老意象的長廊。讀者可能預期在這裏看見一個憂鬱的身影：可憐的安。是的，她就在不遠的地方。作者觀察到：夏天比其他任何季節都使我們更容易傷逝，不管是對於我們所親愛的人的思念，還是對死亡這件事的思索。在夏天，天空看起來更高，更遠，更無邊無際。雲朵是人感覺天幕距離的度量，而夏天的積雲顯得特別廣大而結實，夕陽西沉時的燦爛場景也激發對無限的遐想。可是夏天最致命的特色還是在於：它飽滿洋溢的生命力與墳墓陰暗冰冷的死寂產生極端猛烈的對比。兩個對立的思想不僅相依並存，而且還彼此引發暗示。作者告訴我們，他很難在漫長的夏日裏不想到死亡。在燦爛的季節想念一個他所熟悉而且親愛的人的死會使他的精神更難以招架。有一天，他恍惚站在莊園的門前，那是（夢裏）一個五月的星期天清晨，復活節⑥的早晨。這樣的時序在夢裏並沒有什麼違反常理的地方。鋪展在他眼前的是他所熟悉的景色，但是它被睡夢的魔

---

60 復活節（Pâques）為每年春分月圓之後第一個星期日，是紀念耶穌基督於公元30到33年之間被釘死在十字架之後第三天復活的日子。

力放大了而顯得更加莊嚴。四周的山比阿爾卑斯山還高,山腳下的草原與樹林也更為廣闊,籬笆開滿了白玫瑰。時候還很早,芳草萋萋的墓園四周沒有任何動靜,只有一些走獸在墳墓邊上休憩漫步,特別是在一個他喜愛的小孩的墳墓旁邊(這個小孩真的在那個夏天被埋葬,而且作者也真的在某一個清晨日出之前看見動物在墳墓旁邊走動)。他對自己說:「今天是復活節的星期天;人們在這一天拿復活後新生的果實來慶祝。從現在到日出還有好一段時間,我可以到外面去走走。今天我不要再想起從前的痛苦。空氣是如此新鮮,也沒有起風,高高的山巒通向天際。森林裏的空地與墓園一樣和平寧靜,露水使我微熱的額頭感覺沁涼。這樣的風景使我總算可以不再煩憂。」正當他推開花園的門的時候,左邊的風景開始產生變化。那仍舊是復活節星期日的清晨,可是場景變成東方的意象。地平線上出現一個滿布屋宇與塔樓的大城市的剪影(那也許是作者小時候讀《聖經》時想像過的場景)。不遠的地方,棕櫚樹蔭下的一塊石頭上坐著一個女人。那是安!

　　「她用深刻的眼神注視著我。過了許久,我對她說:『總算讓我找到你了!』我等她回答,可是她什麼話也沒有說。那一張臉孔和我最後一次見到她的時候一模一樣,但又是那麼不同!十七年前路燈的光芒照射在她的臉龐,我最後一次親吻她的嘴唇的時候(你的嘴唇,安!那聖潔永遠不變)

淚水在她的眼眶裏打轉。可是現在她的淚水已乾,她也比當年更加美麗,可是我又覺得她一點也沒有改變,一點也沒有變老。她平靜的眼神流露一種特別莊重的表情,使我在端詳她的時候內心充滿敬畏。忽然,她的形體變得陰暗模糊,我轉身面向山的那一邊看到蒸氣冒出來把我們隔開。一切都在瞬間消失了,無邊的黑暗又來臨了。一眨眼,山離我很遠很遠,我和安一起走在牛津路昏暗的街燈下,一如十七年前我們走在一起的樣子,而當時我們都還是小孩子。」

在作者所引用的病態意念的例子中,最後一個怪夢發生在1820年,這個夢很懵懂難解,它也因而顯得更加可怕。夢中的場景有多麼撲朔迷離,它所傳遞的感覺就有多尖銳。作者這一段描述展現了英語神奇的魔力,要完整重現幾乎是不可能的事:

「夢境在音樂聲中開始了。那是我經常在夢裏聽到的音樂,它充滿序曲的韻味,喚醒精神,令人引頸期待。它也像是加冕儀式或登基大典開啟時的奏樂,宣告由數不清的騎兵與步兵踏步而來的大遊行。那一天的早晨莊嚴無比,神祕的日蝕投下了焦慮的陰影,輕輕拂過,所有一切都在暗示那是一個生死攸關的終極危機;人類本性是否會得到救贖,完全取決於這個關鍵時刻。接著,在我完全不了解的情況下,不知道從哪個地方,以什麼方式,由誰發起,一場戰爭就這樣爆發了,垂死的掙扎發展成一齣慘烈的戲劇,一段音樂。一

方面我感覺這一場戰役與我息息相關，另一方面我卻又弄不清楚戰爭發生的地方和理由，以及整個事件的本質與可能的結果。這兩個衝突的感覺對我形成一個凌遲的酷刑。我們常常在夢中遇到這種情況：覺得自己位於所有事件的中心，擁有很大的權力，可是又沒有能力做任何決定。只要我有意願，我就可以掌握那個權力，問題是我連產生這個意願的力量都沒有，因為我被二十個亞特蘭大巨人與一個無法清償的罪惡壓得死死的。我躺在無底洞下面動彈不得，而**從來沒有任何一個測量的鉛錘曾經達到那個深度**。熱情的聲音像在唱詩班裏一樣變得更深沉：一個空前重要的使命進場了，沒有任何刀劍與號角足以顯示它的重要。接著，警訊出現了，到處是急促的腳步，數不清的人在倉皇逃難。我不知道他們站在正義的一邊還是邪惡的一邊，暴風雨和人的臉孔代表了黑暗還是光明。最後，我感到大勢已去，眼前也浮現一些女人的形體，以及我急著想要認出來的臉孔；即使必須以整個世界做為代價，即使只能在瞬間一瞥，我也在所不惜！——握得緊緊的手，撕裂胸懷的離別——永恆的訣別！那一聲來自地獄的歎息是精神錯亂的母親詛咒死亡的呼喊。那淒厲的聲音在洞穴裏迴盪著：永別了！一次又一次在空中迴盪著：『永別了！』

「我醒來的時候全身痙攣不已，同時高聲喊道：不！再也不要讓我入睡了！」

五　作假的結局

　　德昆西這一本書的結尾很簡短，至少最早的版本是如此。我記得很多年以前我第一次讀它的時候（我不知道接下來還有第二部分「深深歎息」，無論如何那時候也還沒有付印），我曾經問過自己：這樣的故事會有什麼結局？死亡？瘋狂？由於作者一直以第一人稱描述這個故事，所以我想他的健康狀態如果不是完全正常或非常良好，至少也還在一個允許他從事文學創作的水平之上。我覺得最合理的假設是他保持原狀，把痛苦當成一種習慣，把他那養生之道的可怕效果當成沒有選擇之下的夥伴。我對自己說：漂流在孤島上的魯賓遜到最後還是等到了一條船，把他從孤獨的放逐中帶回文明世界。即使是無名的荒島也會有一個可以泊船的海岸。可是有誰走得出鴉片帝國？因此，我繼續在心裏想著：這一本獨一無二的書，不管它是真實的回憶錄還是純粹想像的結晶（第二個假設很難成立，因為作者描述每一個細節的誠懇口吻是模仿不來的，整個作品也籠罩在一股寫實的光輝中），都只能是個沒有結局的故事。沒有結局的書與沒有結局的冒

險故事一樣，都有可能存在於現實世界裏；那是一種無限延長的情境，而所有不可挽回的局面與不可更改的事實都是這種情境的表現。儘管如此，我記得鴉片吸食者在故事開始的時候曾經說過，他最後終於**一環一環地解開**那個綑綁住他整個人的邪惡鎖鏈。這樣的結局對我而言是完全不可思議的。坦白說，儘管作者創造出一種幾可亂真的表象，當我讀到它的時候我還是出自本能地懷疑它的真實性。我不知道就這一點而言讀者的印象是否和我相同，我覺得一個誤入歧途的人不幸落難掉入魔幻迷宮，最後竟然能夠施展計謀成功地逃脫出來，這顯然是為了迎合英國人的品味而捏造出來的情節；作者拿真相做為祭品，向大眾的羞恥感與偏見頂禮膜拜。

不健忘的讀者一定還記得，在作者開始描述這個罪惡之旅之前，他用非常婉轉的修辭來解釋為什麼他有權利做這一番懺悔與告解，他甚至還想要讓讀者認同這個懺悔錄對社會的益處。沒錯，有些人認為故事的結局應該發揚**道德與正義**的價值，另外有些人則認為故事的結局必須能夠給人心帶來**溫柔的慰藉**。女性讀者通常不願意看見壞人得到任何好處。想像我們現在在劇院裏看戲：第五幕結束了，可是觀眾一直沒有看到惡人應得的災難降臨在他身上，好人與壞人之間失衡的公理也沒有被討回來，那麼，前面漫長的四幕豈不是白白蹧蹋了他的時間與耐性嗎？簡單來說，我相信觀眾並不喜歡**冥頑不靈**的角色，而且覺得他們看起來很**囂張**。也許德昆

西也有相同的想法，所以他就從善如流。如果我這一段文字早一點寫成，而且在無意間被他看到，說不定他會以居高臨下的姿態對我抽絲剝繭的揣測一笑置之。無論如何，他的書通篇都是如此真誠而且鞭辟入裏，所以在這一段我也是以他的文字做為詮釋的最後依歸，並且在這裏向讀者預言接下來的一篇「黑色偶像前的三叩頭」（也就是說會先有二叩頭）。我們隨後會詳加論述。

無論如何，結局是這樣的。鴉片早就不再利用它的吸引力來展現它的帝國實力；現在，它利用折磨與刑求來進行恐怖統治，而這個折磨的開端就是鴉片吸食者第一次妄想擺脫這個無所不在的暴君的那一刻。這個推測完全合情合理，就好像我們打破其他任何一種舊習慣所遭遇到的困難一樣。作者面對一個兩難的抉擇：繼續使用鴉片，還是斷然戒掉它。根據他的說法，他最後選擇的是有可能給他帶來解放的那一條路。「那時候到底用了多少鴉片，我說不上來，因為那都是一個朋友買來給我的，他也不要拿我的錢。所以我沒有辦法計算在一年裏我到底消耗了多少劑量。我只能說每天的劑量變化很大，從五六十顆到一百五十顆都有可能。我第一回合的治療目標是把劑量降低到四十，甚至三十顆。最後則是盡可能維持在十二顆。」他還補充說在他所試用過的特效藥當中，真正有讓他得到益處的只有纈草氨酊劑。可是，繼續描述這個康復的經過真的有任何意義嗎？（這一句話是作者

自己說的。）畢竟這一本書的主旨是在透過對欣快感與折磨的詳盡描述來呈現鴉片的神奇力量。這本書寫到這裏已經可以算是大功告成了。至於故事的道德啟示，它只對其他的鴉片吸食者有意義。就讓他們在鴉片面前害怕到發抖吧。他們也可以透過這個不尋常的例子，了解一個人在使用鴉片長達十七年、在濫用鴉片長達八年之後還成功地戒掉它。希望你們加倍努力，祝你們取得同樣的成功！

「傑瑞米・泰勒[61]猜測說出生有可能和死亡一樣痛苦。我相信這不是無稽之談。在我專心減低鴉片劑量那一段漫長的時間裏，我所感受到的折磨是從一個存在方式過渡到另一個存在方式的過程之中一定會有的掙扎。它最後並沒有導向死亡，而是某種肉體的新生……我先前狀態的種種還存留在記憶裏，我的夢境並非風平浪靜，致命的地震和暴風雨也並沒有完全平靜下來；騷擾我的幻想無敵兵團休兵了，但是並沒有全數撤退。我的睡夢充滿了衝突和掙扎，它就像我們最初的祖先被逐出天堂後轉頭所看到的恐怖場面：那一扇門只有用彌爾頓的詩句才得以形容：

　　充滿猙獰的臉孔和瘋狂舞動的手臂。」

---

61 傑瑞米・泰勒（Jérémie Taylor），英國十七世紀神學家。

這本書的續篇寫於1822年，作者希望透過它來提供更多詳盡的細節，加強這個結局的真實性，也就是說使它從醫學的角度看來更加入情入理。把劑量從八千滴降低到三百滴甚至一百六十滴，這無疑是輝煌的勝利，可是接下來所需要做的努力遠遠超過作者的想像，同時這個努力的必要性也越來越明顯。他覺得自己的胃部漸漸失去感覺，而且好像有硬化的現象與類似癌症的病徵。醫生明白告訴他，如果他不馬上戒除鴉片，即使只是少量使用也肯定會導致胃部病變。從那時候起，作者便發誓要徹底戒絕它。對於他的努力與猶豫，以及意志力的勝利所引發的肉體折磨，他做了很詳盡的描述。他以漸進的方式減低劑量，甚至有兩次降低到零點，可是隨之而來的崩潰使他先前所減少的劑量又被加倍追補回來。簡單來說，六個禮拜的治療結果是遍布全身的發炎症狀，尤其是胃部，有時候恢復正常機能，有時候則奇怪地發痛。他躁動的狀態不分白天夜晚，每一次睡眠從來沒有超過三小時，而且還是輾轉反側的那一種，最輕微的聲音都會傳入他耳朵使他驚醒過來。他可憐的病徵還包括不時腫脹的下巴、潰爛的嘴角與強烈的噴嚏。每一次他嘗試背叛鴉片就一定會不停地打噴嚏，一打就是兩個小時，使他感到全身癱瘓，這種情形一天可以重複兩三次。最後，除了寒冷的感覺之外就是可怕的傷風，這是先前他認命地待在鴉片帝國裏時從來不曾發生的事。

　　他藉助膽汁藥酒，成功使胃恢復到正常狀態，也就是說和其他人一樣，忘記消化作用的進行。第四十二天，所有這些令人擔心的病徵全都消失了，新的病徵代之而起，可是他不知道那是他早先濫用鴉片還是現在停止使用鴉片的結果。新病徵之一是大量出汗：只要他一減少劑量就會滿身大汗，即使在天氣很冷的時候也不例外，可是在全年最炎熱的季節裏他卻不流汗。其他病痛有可能應該歸咎於他在英格蘭生活的地方七月的濕熱天氣，和鴉片沒有什麼關聯。

　　作者為了協助那些跟他面對相同困境的人，透過一個日期與劑量的對照表，詳細地記錄他前五個禮拜光榮的戰績。這個圖表也顯示了治療過程中有從零一下子增加到兩百、三百甚至三百五十滴的情況，那後坐力是非常強勁猛烈的。如果沒有循序漸進而急速減低劑量的話，就會引發不必要的痛苦，迫使他再度往痛苦的源頭尋求解藥。

　　我之所以會覺得這個結局至少有一部分是勉強捏造出來的，是因為這個續篇裏有若干段落充滿了嘲笑、詼諧甚至揶揄挖苦的語調。我們可以解釋說，作者不想和那些懦弱的人一樣把全副注意力集中在自己可鄙的臭皮囊上，時時刻刻都在觀察自己的身體，到了走火入魔的地步。這個身體曾經給他嘗過這麼多苦頭，用這種輕蔑的態度對待它也不算是過當的懲罰，就好像在法律上，羞辱也可以被拿來當做是懲罰壞人的方式之一。如果倫敦的醫生們認為解剖像他這樣嗜食鴉

片的人對科學有用的話，他會很樂意把自己的身體捐出去。蘇尉通[62]曾經以玩笑的口吻說，古代羅馬一些富有的人在把財產捐贈給帝王之後還不識相地賴活著，使得凱撒在同意接受這些贈與之後覺得這些**老不死**很礙眼，讓他覺得自己受到冒犯，心裏非常不高興。鴉片吸食者並不擔心醫生會有這種不耐煩的表現，他知道這些醫生和他一樣，他慷慨捐贈自己珍貴的遺體為的也就是用行動證明自己對科學無條件的熱愛。但願他實現這項贈與的日子可以無限期往後延；這個充滿洞見的作者即使在病中也不忘嘲諷自己和世人，令人會心一笑，我希望他比纖弱的伏爾泰活得更長久。人們不是這樣說嗎：伏爾泰花了八十四年的時間才壽終正寢！

P.S. 當我在寫這幾行字的時候，湯馬斯·德昆西逝世的消息傳到了巴黎。我衷心祈禱這個戛然而止的光榮命運永遠流傳人間。在文壇裏，他和華茲華斯、柯爾律治、叟謝、查爾斯·蘭、哈茲利特與威爾森[63]是同起同坐的對手和朋友，也留下許多著作，其中最重要的有：*Confessions of an English opium-eater*（一個吸食鴉片的英國人的懺悔錄）; *Suspiria de*

---

62 蘇尉通（Suétone），西元一世紀羅馬歷史學家。

63 柯爾律治（Coleridge）、叟謝（Southey）、查爾斯·蘭（Charles Lamb）、哈茲利特（Hazlitt）與威爾森（Wilson）皆為英國浪漫主義詩人。

profundis (深深歎息); *the Cœsars; Literary reminiscences; Essays on the poets; Autobiographic sketches; Memorials; The Note book; Theological essays; Letters to a young man; Classic records reviewed or deciphered; Speculations, literary and philosophic, with German tales and other narrative papers; Klosterheim, or the masque; Logic of political economy* (1844); *Essays sceptical and antisceptical on problems neglected or misconceived* 等。

古老英格蘭土地上最具有原創性與幽默感的人物之一──這將是他留給後世的形象。在文學史上，他以樸素的手筆寫成的《深深歎息》也使他立足於最和藹親切、最慈悲為懷的靈魂之列。這本書的名字在今天這個令人哀傷的場合染上了特別憂鬱的色彩，我們隨後將予以分析。德昆西先生在愛丁堡辭世，享年七十五歲。

一篇刊登於 1859 年 12 月 17 日的祭文使我感到相當齒冷。在全世界每一個角落的文學論壇裏，狂妄的道德思想總是蠢蠢欲動，企圖篡奪正統文學的寶座。彭馬當[64]與其他沙龍傳教士不只是法國的專利，也充斥在英國與美國的報紙裏。我在愛倫坡去世的時候就已經領教過那些奇怪的悼詞，

---

64 彭馬當（Armand de Pontmartin），十九世紀法國文人與批評家，對當代人物的刻畫與描述相當尖銳刻薄。

發現文學的墓園比一般公墓還更缺乏禮教，因為後者至少有公共秩序保護墳墓免受動物**無心**的破壞。

我希望評斷作者的是公正無私的讀者。即使鴉片吸食者從來沒有**對人類做出任何正面貢獻**，那又如何？只要作者寫成一本美麗的書，他就值得我們對他表示感謝。沒有人會懷疑布豐⑥的道德操守，可是他不也這樣說過嗎：對於一個真正追求精神卓越的人來說，一句絕妙好辭勝過任何科學發現；也就是說，美比真更高貴。

德昆西對待朋友有時候顯得很嚴酷，可是有哪一個對文學充滿熱情的作者會對此感到驚訝？他對自己就很嚴苛。而且就像他自己所說，而在他之前柯爾律治也已經說過：**並非所有的惡意都是有心的；聰明與想像力也有可能造成無意的傷害。**

批評的境界莫過於此。德昆西在年輕時候把他財產重要的一部分贈給了柯爾律治。祭文的作者評論說：「這個魯莽的舉動無疑是高貴而值得稱頌的，可是我們不應該忘記他後來為鴉片所苦，健康潦倒，庶務紊亂，這樣的情況也使他沒有推卻就接受了朋友的支援。」按照這個說法，我們沒有必要對他的慷慨表示任何感謝，因為稍後他也接受了別人的慷

---

65 布豐（Comte de Buffon），法國博物學家、數學家、生物學家、宇宙學家和作家。

慨。這些閒言閒語其實都誣衊不了真正的天才。這樣刻薄的
話，沒有道德批評家那種嫉妒與剛愎自用的性情是說不出來
的。

C. B.

六　天才兒童

　　懺悔錄寫作的年代是1822年，而寫於1845年的深深歎息可以視為懺悔錄的延長。

　　這兩部作品寫作的年代相隔了三十幾年。作者所使用的語調即使沒有完全不同，讀者也可以感覺出深深歎息較為嚴肅、傷感與認命的氣息。當我一次又一次翻閱這些獨特的記述時，我總會不由得想起詩人們描寫從生命戰場上歸來的人所常用的隱喻：他像是一個駝背的老水手，臉孔布滿了密密麻麻的皺紋，回到老家湊在火爐旁為那歷經千百個劫難的身軀取暖。要不然他會是一個流浪漢，在晚上再度回到他白天跋涉經過的田野，回想他先前穿越這一片陌生土地的情景與當時迴盪在他腦子裏無數的奇異幻想。現在這些幻想有如過眼雲煙消失無蹤，他的心情也因而特別溫柔傷感。作者寫這本書的語調和靈異世界無關，但是它也不完全屬於這個塵世，我們不妨把它當成天上與人間的奇異混聲。有時候我們可以在**亡後記事**一類的文章裏聽到這種聲音，那時候，憤怒與受傷的驕傲都止息了，勒內❻對世間俗務的強烈鄙視也變

成無足輕重了。這就是我所謂的**幽靈**的聲音。

作者在深深歎息的引言裏告訴我們，雖然他以慷慨就義的精神耐心進行療養，還是先後發生了第二次與第三次病情急劇惡化的考驗，這也就是他所謂的「黑暗偶像之前的三叩頭」。他認為自己在戒除鴉片的過程中減低劑量的方式可能有瑕疵才會導致這個結果。但是暫時撇開這個客觀的生理因素不談，我覺得這個不幸的結果是不難預料的。這一次他已經絕口不提征戰或反抗了。所有的抗戰多少都意味著某種程度的希望，可是絕望是不會說話的。在沒有解藥的情況下，再大的痛苦也不會引起任何憤慨。從前當他轉身走上回頭路的時候，大門還是敞開的。現在它們都已經被關上了。他沒有別的選擇，便安分地朝向他的命運走去。深深歎息！這本書書名取得實在很貼切。

作者不再嘗試要我們相信忠言警世是促使他寫懺悔錄的原因之一。現在他直言無諱地告訴我們，懺悔錄的主旨在於呈現鴉片對於人的想像力影響可以有多大。

每個人都會做夢，但並不是每個人都擁有編織偉大夢想的稟賦。而在那些擁有這個稟賦的人身上，現代生活裏越來越多的外務與物質進步的漩渦也很可能使這個才華日漸消

---

66 勒內（René），十八世紀法國作家沙陀布里昂（François-René de Chateaubriand）筆下人物，是憂鬱個性的典型。

磨。做夢的才能是神聖而神祕的，因為人類只有透過夢想才能與他周圍的黑暗世界進行溝通。可是這個才能需要孤獨的環境才能夠自由發展。一個人越專注，就越容易擴展他無邊的夢想。那麼，有什麼孤獨比鴉片所帶來的孤獨感更曠達，更寧靜，更遠離塵世種種利害與紛爭？

作者在懺悔錄裏描述了他年輕時的意外遭遇，這些遭遇後來成為引導他吸食鴉片的正當理由。可是在這個敘述當中有兩個階段一直到現在都還只是一片空白。一個是作者上大學的時候因鴉片而起的各種夢境（作者將它稱為牛津幻象），另一個是關於他童年印象的記述。這兩個屬於傳記體的章節都可以幫助我們**觀察、解釋**大腦神祕的探險過程。我們可以透過作者對他孩提時代的記述看到他在成人時期奇異夢想的種子；精確一點來說就是天才的種子。每一個傳記作者多少都會了解作者或藝術家的童年軼事對他的重要性，只是我覺得這個重要性從來沒有被足夠強調過。我經常面對藝術作品沉思，令我玩味再三的倒不是它們顯而易見的**物質構成**、清晰的輪廓或容易掌握的意義。我會特別用心感受作者賦予作品的靈魂，以及它們所傳遞的氛圍印象投射在我們靈魂上的光線與陰影。因為這個緣故，作者的童年景象常常會在我心裏悄悄浮現。童年的傷心事與快樂時光感覺都很微小，可是藝術家無比細膩的敏銳感受卻使它們無限擴大，等他長大成人之後，這些感覺就在他無意識的情況下變成藝術

創作的靈感來源。用更簡潔的話來說，如果拿藝術家成熟時期的作品與他孩提時代的內心世界做一個比較，我們應該可以透過哲學思維輕易證明天才正是童年的延伸，只不過在成熟的過程當中他的官能獲得充分發展，自我表達能力也更嫻熟完整。話雖這麼說，我並沒有打算請生理學家費心檢驗我這個想法，畢竟那只是一種臆測而已。

接下來我們將很快地分析鴉片吸食者幾個主要的童年印象，以便對於後來他在牛津時期、供給他大腦食糧的眾多夢境有更確切的掌握。我希望提醒讀者：這一篇追憶童年的文字出自於一個老人的手，他以精微的思路重訪舊日時光，而且這個成為他夢境主旋律的童年是透過一個魔幻氛圍重現的，那個魔幻氛圍也就是鴉片透明的厚度。

七　童年的傷心事

　　父親過世的時候，他與三個姊姊還很幼小。他父親在世的時候是個富裕的英國貿易商，留下一大筆遺產給他母親繼承。安逸闊綽的環境與講究豪華排場的生活讓他天生敏銳的性情得到進一步的發展。

　　「那時候，三個年幼的姊姊是我僅有的玩伴，我們玩在一起，睡覺也在一起。我們在一個安靜美麗、與世隔絕的花園裏長大，對於社會上貧窮、壓榨與不公的現象一無所知，所以真實世界的骨肉到底是什麼做成的，對我來說實在很難想像。」他說。他在偏僻的鄉下長大，嫩芽般的感情世界受到溫柔無比的姊姊呵護，沒有被一些**霸道好鬥的兄弟**⑰粗魯踐踏。他認為這是一個無上的特權，也因此一再感謝上蒼對他的厚愛。事實上，被女人養大、在女人堆中長大的男人，有別於其他性格脾氣和宗教情操相仿的男人。奶媽懷裏殷勤的搖晃，母親的愛撫擁抱，以及姊妹促狹調皮的捉弄，都會

67　*"horrid pugilistic brothers"*，作者在此處使用英文。

留下長遠的印記。特別是姊姊，對男人來說簡直就是一個小媽媽，男人像黏土般被她一再搓揉，變得完全不一樣。

女人的手，女人的酥胸，女人的膝蓋、秀髮，以及輕柔飄盪的衣裳，都散發一股芳香。

> 浸浴在馨香
> 柔媚的氣味裏

從一開始就長久浸淫在這個陰柔**氛圍**裏的男人，自然而然會感染到肌膚一般纖細的氣質，講話時也會有一種特別的腔調。從藝術追求完美的角度來看，一個至為粗獷陽剛的天才如果少了這種雌雄同體的特質，就多少顯得不完整而有所缺憾。我的意思是：如果讓一個天才早日嘗到女性氛圍的滋味，探索那充滿韻律、閃亮芬芳的世界，他的才情就會得到進一步的昇華。我深信聰明的女性讀者會原諒我近乎浪蕩的措辭，而且認同我所要表達的無邪思想。

佳恩是他第一個去世的姊姊。但是對這個幼小的弟弟而言，死亡還是一件無法理解的事。佳恩只不過是暫時不在罷了。她還會回來，不是嗎？在她生病嚥氣的前兩天，有一個負責照料她的年輕女傭對待她的方式稍嫌粗魯，引起家族眾人在背後議論。從那時候開始，還是小男孩的他就一直沒有辦法正視這個女孩子。只要她一出現，他就眼神低垂，盯著

地上看。他這樣做並非出於怒氣，也不是在隱藏報復的意圖，只是很單純地反映他驚慌失措的感覺。世界確實存在著不幸、鬥爭與放逐的黑暗面：這是他第一次面對這個醜陋的真相，感覺好像受到一個不明外物的驚擾，恐懼與不祥的預感在他內心深處交織，使他本能地透過蜷縮的反應尋求自保。

　　稍後他童稚的心靈又遭遇另一項考驗，但是這第二道傷痕並沒有那麼容易結疤。幾年快樂的時光過去之後，輪到高貴、親愛的伊麗莎白被死神帶走。她是一個聰慧、高貴又早熟的女孩。每當他在黑暗之中呼喚她溫柔的靈魂時，他總覺得在她高高的額頭上看見一抹光暈，在她的頭上看到閃耀的冠冕。伊麗莎白只比他年長兩歲，但卻已經是他心目中的權威。當他得知伊麗莎白來日無多的那一刻，他內心所感到的絕望無法用言語形容。她去世的隔天，珍貴的遺體還沒有被科學的好奇心所玷污，他決定再去見他姊姊最後一面。「孩童在悲傷的時候特別畏懼光芒，並且躲避別人的目光。」所以這個最後一面是沒有任何證人的祕密。他走進房間裏的時候是正中午，眼睛最先看到的只是一個敞開的大窗戶。夏天最燦爛的陽光透過窗戶大片傾瀉到房裏來。「空氣很乾燥，天空沒有雲朵，深邃的蔚藍天幕完美傳達了無限的感覺，比這一幕景色更能象徵生命的悲愴與榮耀的景象，眼睛從來沒見過，心也永遠想像不出來。」

　　一個無法彌補的巨大苦難如果在一年裏最美麗的季節降臨在我們身上，它會顯得特別陰沉晦暗。我們已經在懺悔錄的記述裏看到，在欣欣向榮的夏天，死亡對我們的打擊特別嚴酷。「夏天熱情洋溢的生命力與墳墓冰冷的死寂形成尖銳的對立。我們的眼裏滿是夏天，心卻繫念著墳墓；熱情的光輝環繞我們四周，我們的內心卻充滿黑暗。這兩個意象互相撞擊，增強彼此的力量。」可是對於這個不尋常的兒童，對於這個即將長成為一個博學多聞、充滿智慧與想像力的作家來說，把夏天與死亡的意念緊緊結合在一起的是另一個獨立於這個對立情勢之外的理由。懺悔錄與深深歎息的作者認為，這個理由可以往山水風景與《聖經》的故事之間親密微妙的關係中去尋求。「在我們內心深處，大部分思想與感情並非以赤裸與抽象的型態直接顯現，而是透過具體物件的複雜組合來傳達。」原來他小時候曾經有一個年輕女僕在漫長而嚴寒的冬夜念《聖經》的故事給他聽，所以我們可以說《聖經》是促使夏天與死亡這兩個意念在他想像裏合為一體的觸媒之一。這個年輕女孩對東方有所認識，所以她可以很詳細地跟他們描述那裏的氣候，解釋各個夏天微妙的差別。在東方的天空下，在一個受到永恆夏天眷顧的國度裏，一個公正的人承受了十字架的酷刑。使徒拔麥穗的時節當然也是在夏天。**聖枝主日**⑧不也給這個聯想添加了豐富的素材嗎？星期天，它是人們休息的日子，同時也代表了一個更深沉、

更不可即的安息的形象。棕櫚,棕櫚,一個同時代表了豐沛生命力與夏日大自然的字眼!當聖枝主日來臨的時候,耶路撒冷最重大的事件也不遠了;而這個節日所紀念的事件現場就在耶路撒冷旁邊。耶路撒冷和希臘的德爾斐⑥一樣,都曾經被人稱為世界的肚臍;即使不是如此,說它是死神的首都也不為過。如果死神在那裏遭到踐踏,它也在那裏打開了最黑暗的地洞。

　　所以,作者最後一次看到親愛的逝者的臉龐時,屋外耀眼的夏天也很殘忍地湧到停靈的房間。家裏的人說她的五官還是和生前一樣,看不到死亡的痕跡。她的前額是沒有變,可是冰冷的眼皮、蒼白的嘴唇與僵直的雙手使他感到驚恐萬分;正當他動也不動注視著她的時候,一陣風吹起來了,而且越來越強烈:「我從來沒有聽過如此哀怨的風聲。」從那時候起,他在夏天太陽最熾烈的時候聽到好幾次相同的風聲,「那是同樣充滿深沉、莊嚴、悲愴與宗教感的聲音。」他補充說,永恆的象徵如果能讓人的耳朵感受到的話,它就會是那樣的聲音。同樣的情景在他的一生裏發生過三次:同

---

68 聖枝主日(Le dimanche des Rameaux, Palm Sunday)為復活節前的星期日,紀念耶穌基督光榮進入耶路撒冷的日子,翠綠的棕櫚枝葉象徵生命力,人們將聖枝安放在墳墓上或掛在房屋裏做為裝飾。

69 德爾斐(Delphes)是一處重要的「泛希臘聖地」,即所有古希臘城邦共同的聖地。這裏主要供奉著阿波羅,著名的德爾斐神諭就在這裏頒布。

樣的聲音,同樣敞開的窗戶,同樣在盛夏去世的親人的遺體。

　　天空明亮的光線,死者冰冷的臉孔:在這個強烈對比之下,外在世界奔放的生命力彷彿擾亂了他的視線,使他看見一個異象。他看見天幕向兩旁撤開,中間出現一道通往無限的長廊。他的靈魂乘著藍色的波浪翻升,奔向上帝的寶座,可是寶座隨著他的熱忱追求而不停往後方退卻消失。第一次嘗到悲傷滋味的孤獨小孩就這樣往最孤絕的上帝飛去。這個奇異的狂喜使他睡著了。他醒來的時候發現自己坐在他姊姊的床邊。一個勝過任何哲學理論的直覺成全了他這個仙界的美夢,從中獲得暫時的慰藉。接著,他好像有聽到樓梯間的腳步聲:如果被人發現他在這個房間裏,很可能以後就進不來了,這是他所害怕的事情。因此他飛快地親吻了他姊姊的嘴唇,輕手輕腳地走開。隔天醫生來檢查死者的腦部,可是他並不清楚他們來的目的是什麼,醫生走了之後,他嘗試再次偷偷進入這個房間,可是房間的門已被鎖上,鑰匙也被拿走了。所以他並沒有看見冷血的科學如何侮辱了他所親愛的人的遺體;留在他心中的和平形象完美無缺,和大理石或晶瑩剔透的冰塊一樣純潔寧靜。這是他幸運的地方。

　　接下來的葬禮是另一回合的垂死掙扎:一路上,車上的人對於葬禮毫不在意,他們談論的話題與他的悲傷沒有任何關聯,使他感到非常痛苦。教堂裏管風琴嚇人的和絃與基督

教整套的莊嚴儀式給一個小孩子的心靈帶來莫大的壓迫感。
宗教或許承諾把他的姊姊帶到天國，可是那並不足以安慰作
者在這個世界上失去她的悲傷。在教堂裏，人們要他把手帕
擺在眼睛前面，做個樣子。他兩條腿都快要站不直了，還得
虛情假意扮一張哭喪的臉嗎？

　教堂裏的彩繪玻璃在陽光的照射下散發火焰般的光芒，
繪畫中的使徒與聖人展現他們的榮耀。接下來那幾天，當他
被帶到禮拜堂的時候，他的視線總是落在玻璃窗沒有顏色的
那一部分，窗外天空的雲團變成白色的窗帘與枕頭，很多嬰
孩的頭靠在枕頭上，流露出受苦、哭泣或垂死的表情。這些
床慢慢地往天空升起，一直到慈愛的天父身邊。過了很久之
後，他想起葬禮祭文裏的三段話：他當時肯定是有聽見這些
話，只是它們太直接的安慰加深了他的痛苦，使他在當下產
生反彈情緒而予以排拒。現在它們重新浮現在他腦海裏，帶
著更為神祕與深沉的涵義，訴說人類對於解脫、復活與永恆
的嚮往與追求，變成他深思冥想的主題。可是在這個時期之
前，在孤獨中深思早已成為他熱烈追求的嗜好，那是所有深
刻的熱情，尤其是那些不願意被安慰的熱情都會擁有的強烈
品味。鄉村無邊的寂靜，夏天致命的豔陽，起霧的下午等等
危險的誘惑全都吸引著他。他的眼睛穿透天空與雲霧，不停
追尋一個找不到的東西。他執著地注視著蔚藍色的天空，想
要認出一個親愛的形像：也許一個特殊的特權會允許他再一

次與她見面。這一段很長的文字描述了像迷宮一樣深沉、曲折而沒有出口的苦痛，我不得不忍痛割愛。整個大自然都被涵蓋在這個描述裏面，每一個物件都變成苦澀絕望這個單一意念的**象徵**。這個苦痛偶爾會灌溉出既哀傷又豔麗的陰森花朵，而他在哭喪中帶著愛意的口吻也常常變成矯揉的奇想。哀悼儀式裏難道沒有任何表演的成分嗎？感動人心的不只是真誠的柔情；見證一個熱切與細膩的神祕情操的鋪展也會給善感的人帶來特殊與新穎的快樂；那是只有在拉丁教會的花園裏才會恣意開放的花朵。最後一個階段來臨了。只從回憶裏吸取養分的病態敏銳感覺，加上沒有節制的孤獨，在這個時候變成一個真實的威脅。在這些關鍵性的時刻，憂傷的靈魂自問道：「如果我們所親愛的人不能向我們靠近，誰能阻止我們走向他們呢？」著魔的想像力放任自己被**墳墓致命的吸引力**所誘惑。幸好作者有工作與其他無法避免的社交需要，使他甘願套上生命的桎梏，全心全意投入對經典的研究。

接下來的段落讀起來比較輕快，但還是明顯流露一種陰柔的性格，而且表現在對動物的態度上。貓，狗，所有可以被輕易捕捉、壓迫與綑綁的生物，都變成人們可愛的奴隸。而且動物單純的快樂不也代表了人類無憂的童年嗎？年輕夢想家柔情的對象雖然改變了，其最初的特質卻一如以往。他依然透過各種形式表現出對脆弱、無辜與天真的性格的愛

惜。命運在他人格烙印了若干明顯的印記，其中之一就是伴隨著尖銳自我意識的纖細氣質。加上他病態的敏感，一些粗俗的事件都被他誇張放大，而最輕微的，甚至子虛烏有的錯誤，都在他的想像之中導引出逼真的恐怖威脅。一個具有這樣性格的孩童被奪走他最初也最珍貴的情感之後，沒有傾訴的對象，轉而愛上孤獨，這不是一件荒誕的事情。讀到這裏，讀者可以徹底理解那些在睡夢的舞臺上上演的情節其實是他幼年考驗的再現。播下種子的是命運，鴉片只是幫助它成長，讓它轉化成為蓬勃生發的奇花異草。借用作者的隱喻來說，在鴉片的世界裏，童年往事變成理所當然的基數。透過這個在早熟的孤獨之中培養出來的能力，他把所有的事物理想化了，並且賦予它們超自然的面向與文化深度，而他在牛津生活的期間，鴉片更進一步激發他這個能力，造就了充滿野性的壯麗成果。與他同齡的年輕人很少能夠望其項背的。

讀者還記得我們的主人翁流浪威爾斯、落難倫敦街頭，然後和他的監護人達成和解的經過。現在他進了大學，透過研究茁長成熟，同時也比先前有更多機會耽溺在夢境裏。而自從他在倫敦發現了治療神經痛的療藥之後，他就從中汲取危險而強烈的添加劑，他編織夢想的早熟稟賦從此如虎添翼。那時候，他第一個生命進到第二個生命，到最後兩者合而為一，形成一個親密又不正常的混合體。他第二個生命彷

彿是為了重新活過第一個生命而存在。在課餘的時日，他一次又一次重訪他姊姊停靈的陰冷房間，再度感受夏日的光芒與死亡的冰冷，看見蔚藍的天幕展開通往極樂世界的道路，穿著一襲白色法衣的神父站在敞開的墓穴旁邊，棺材緩緩降到地底下，原是塵土的又變回塵土。最後，彩繪玻璃上的聖人、使徒與受難者被陽光照亮，在白色床鋪四周形成燦爛的邊框，這些可愛的嬰兒搖籃隨著管風琴莊嚴樂聲而款款升天！他再度活過這一切，同時加入了變奏曲與裝飾音，色彩變得更加鮮明或更加朦朧；他重新度過一次童年，但是在其中加入了豐富的詩意與深厚的學養，原本就十分敏感的靈魂現在在孤獨與回憶之中如魚得水，領會生命最深刻的幸福。

八　牛津幻象

隱跡皮紙

「人的頭腦如果不是一張巨大的天然隱跡皮紙，又是什麼呢？親愛的讀者，我的頭腦是一張隱跡皮紙，你的也是。數不清的思想、意象與感情像輕柔的光線，一層一層落在上面。乍看之下每一層都把先前一層覆蓋在下面，事實上每一層都存留了下來。」可是，隱跡皮紙有兩種。一種是層層記載了希臘悲劇、修道院傳奇與騎士羅曼史的皮紙，另一種則是上帝所創造的神聖皮紙，它承載了我們不可勝數的記憶。這兩種皮紙之間存在著一個本質上的差別：前者包含了互相衝撞的異質元素，形成一種神奇荒謬的拼湊，後者則透過一種命定的性情，將最不搭調的元素組合形成統一和諧的局面。再怎麼亂無章法的人生軌跡也否定不了人格的統一性。如果我們可以同時喚醒記憶裏所有的回音，愉快也好，傷痛也罷，它們會組成一個交響樂協奏曲，它肯定是符合邏輯而且沒有不和諧的音符。

我們經常聽到別人描述因意外而引發的瀕死經驗：當一個人被突來的意外困住而在生死關頭掙扎時，他過去一生的景象往往會在那一刻像戲劇一樣浮現在腦海裏。一個快要被水溺斃的人，一下子失去所有的時間感，幾秒鐘的時間便足夠涵蓋多年來所發生過的感情與景象。這些經驗最奇特的地方倒不在於這些前後發生的事件在同一刻重新顯現，而是重新出現的感情與意象是當事人早已忘得一乾二淨的事物。當它們重新浮現的時候，當事人一定會馬上認出那些屬於他的記憶；遺忘其實只是一時的。在鬼門關前面走過一遭的人會有這種經驗，而更多時候，那些嘗過鴉片所帶來強烈刺激狀態的人也會體驗到類似的肅殺氣氛。那時候，記憶這個巨大而複雜的隱跡皮紙被一下子攤開，所有夾帶其中的死去的感情都被包裹在我們稱為「遺忘」的香膏裏完整保存下來，再次浮現我們眼前。

曾經有一個憤世嫉俗的憂鬱天才想要對他周遭不公平的現象進行報復，就把自己所有尚未出版的手稿丟到火堆裏。人們非常不諒解他竟然把自己所有的希望就這樣放一把火燒掉，也不認同他這個充滿怨恨的毀滅性舉動。他回答說：「那有什麼差別？這些事物曾經被創造過，這就夠了。它們**確實被創造過**，所以它們**存在**。」對他而言，所有被創造的東西都具有不可磨滅的性質。如果把這個邏輯應用在我們所有好的與壞的思想和行動上，它會顯得更有道理！我們特別

喜歡追憶一些令人感到滿足與幸福的往事，在這種情況下，相信它們會永遠存在毋寧是一件可喜的事。但是，我們的自我也難免會有一些地方讓我們感到臉上無光，使我們戰戰兢兢地想要逃避。在這種情況下，想到它們永遠不會泯滅消失不也使人毛骨悚然嗎？不滅定律，在精神領域與物質領域都一樣適用。所有的行為，不論它們可能帶來的後果是什麼，都會被捲入業障的洪流裏，都是不可挽回、無法補救的。同樣地，所有的思想都是不可磨滅的。記憶的隱跡皮紙是毀滅不了的。

「是的，親愛的讀者，歡喜的，悲傷的，數不清的詩句陸陸續續刻畫在你記憶的隱跡皮紙上。它們像處女林地的落葉，像喜馬拉雅山上不融的積雪，也像灑在光線上的光線，一層一層不停地往上疊，每一層都依序被遺忘所覆蓋。可是在瀕臨死亡的時刻，在發熱昏迷當中或在鴉片的醉態裏，所有這些詩句都再次活過來。它們並沒有死去；它們只是睡著。人們以為修道士傳奇驅逐了希臘悲劇，而稍後騎士羅曼史又取代了修道士傳奇；可是事實並非如此。隨著年齡漸長，人們的精神追求也有所不同：當他還是小孩子的時候，吸引他的是美麗的傳奇故事；當他長成年輕人的時候，讓他醉心著迷的是羅曼史。這些都會隨著時間過去而凋落枯萎。可是孩提時代深刻的悲劇——被硬生生拆離母親頸項的雙臂，與姊妹的親吻永遠被隔開的雙唇——這些悲劇永遠以神

祕的方式存活在隱跡皮紙其他的傳奇底下。熱情與病痛沒有足夠強的化學成分來燒毀這些不朽的印記。」

雷文納與我們的悲傷聖母

「我在牛津的時候，常常在夢裏看見雷文納女神[70]。我是透過羅馬的象徵符號認識她的。」可是雷文納是什麼？那是一個羅馬女神，她在嬰兒降臨人世的最初幾小時予以看護，我們可以說她讓嬰孩獲得做為人的尊嚴。「在嬰孩降臨人世，第一次吸進我們這個星球上渾濁空氣的那一刻，人們先把他放在地上，然後馬上將他高舉在空中，不讓這樣偉大的造物在地上爬太久。這個時候，嬰兒的父親或其他可以代表他的近親扮演了雷文納女神的代言人角色，把嬰孩高高舉起，讓他以君臨天下的姿態看這個世界。父親把嬰孩的前額獻給天上的星星，在心裏對它們說：『仔細看看這個比你們還偉大的造物！』這個象徵性的動作顯示了雷文納的本職：她一向都是透過代理人來執行她的任務。事實上，除了在我的夢中現身之外，這個神祕女神從來沒有讓人見過她的形貌。她名字的拉丁字源 "levare" 代表了『高舉空中、擡高』的意思。」

---

70 雷文納女神（Levana），羅馬神話裏新生兒的守護神。德昆西在這裏詳細描述了她的職責與名稱由來。

　　某些人很自然地把雷文納視為專司兒童教育的女神，可是這與課堂上傳授字母與文法的教育是完全不同的兩回事。雷文納所代表的是「隱藏在人類生命深處的整體強大力量，所有的孩童在這個力量的教導之下認識熱情、戰鬥、誘惑、生命力與韌性」。受到雷文納照管的人變得更加高貴，可是她使用的卻是十足殘酷的手段。她像是一個嚴厲的乳母，有著一整套琢磨人類的法寶，而她最愛用的手段便是強迫人們在痛苦中學習。她旗下有三個女神協助她完成她所設定的神祕任務。就像卡裏忒斯美惠女神有三個，摩伊賴命運女神、復仇女神和繆斯女神❶也各有三個，我們的悲傷女神也有三個。這就是我們的**悲傷聖母**。

　　「我經常看到她們與雷文納交談，有時候甚至談論到我。她們說話嗎？哦，不。這些神通廣大的靈魂不屑使用人類拙劣的語言。當她們進駐人類的心房時，人類自然會幫她們傳話，可是她們之間不需要用語言溝通。她們的國度籠罩在永恆的寂靜裏，沒有半點聲音。三個姊妹之中最年長的那一個叫做**淚之聖母**。

　　「不論白天還是夜晚，東拉西扯，痙攣顫動，呼喚消失

---

71 卡裏忒斯美惠女神（Grâces）、摩伊賴命運女神（Parques）、復仇女神（Furies）和繆斯女神（Muses）皆為希臘神話裏的女神，掌管人類的命運。在古代社會，復仇是實踐價值的一種途徑，而代表禮物交換的美惠女神幫助人跳出復仇的循環，祛除生命的矛盾。

的臉孔的就是她。在哈馬拉這個地方的人，聽到傷痛欲絕的拉結為她的孩子們哭泣呻吟，淚之聖母就在那裏。在伯利恆的夜晚，大希律王揮劍把所有無辜的人趕出他們的避難所，淚之聖母也在那裏。[72]她頭上戴了一只后冠，眼神時而溫柔，時而銳利，有時候顯得受到驚嚇，有時候睡眼惺忪，而且時常以控訴的姿態仰望蒼天。小時候我就記得，當她聽到哀怨的祈禱與如雷貫耳的管風琴聲，或者當她注視夏天雲朵奔騰的時候，她可以馭風翱翔。這個長姊繫在腰帶上的鑰匙可以開啟所有的茅屋與宮殿，比教皇的鑰匙還有用。我知道去年一整個夏天她都守在一個瞎眼的乞丐病床旁邊。我沒有機會和他聊天，可是注意到他有一個健康活潑、年約八歲的女兒，她寧可從早到晚伴隨她那殘廢的父親在塵土飛揚的路上遊走，也不願意加入村莊的慶典遊行。春天到的時候，她也有如一朵初開的花。這時候上帝賜給她一個盛大恩典來獎賞她的孝行：她蒙主寵召了。她那瞎眼的父親從此流淚不止，每到深夜就夢見自己手裏還牽著那個牽引他的小手，每一次醒來他都覺得世界比他入睡之前還更加黑暗。淚之聖母在那個時候用她的鑰匙開啟失眠的人的房間，不管是男人、

---

72 根據《聖經》記載，拉結（Rachel）為雅各（Jacob）的妻子，為她的孩子與所有被放逐的猶太人哭泣。大希律王（Hérode）是羅馬在猶大耶路撒冷地區（Judée）的代理王。他知道伯利恆有個君王誕生了，下令將伯利恆及其周圍境內兩歲及以下的所有嬰兒殺死，而耶穌一家在其死後才回到拿撒勒。

女人還是小孩，從恆河到尼羅河，從尼羅河到密西西比河，她像一個幽暗的鬼魂悄悄溜進去。因為她是長女，擁有最大的帝國，我們以聖母娘娘的名號崇拜她。

「第二個女神叫做**歡息聖母**。她從來不騰雲駕霧，她的頭上也沒有后冠，只包裹著破舊的頭巾。她的眼神如果沒有被遮住的話，也不會表現出任何溫柔或銳利的情感。在那裏面讀不到任何故事，只有一堆模糊難辨、被遺忘了的夢境與狂想的殘骸。她的頭永遠往下垂，眼睛也從來不會往上擡。她不哭也不抽泣，只會偶爾發出微弱的歡息聲。她的大姊淚之聖母個性剛烈，偶爾會大發雷霆，詛咒上天，追討她的愛人，可是從來沒有人聽過歡息聖母在尖叫呼喊、控訴不公或妄想要反抗。她卑微認命，甚至可以說到了自我放棄的地步。她的柔順是放棄所有希望的那一種人的柔順。如果她偶爾會低聲細語，那一定是在夕陽西斜的時刻，在一個和她一樣荒涼頹喪的廢墟裏，一個沒有人的地方。賤民，猶太人，在船上划槳的奴隸，蜷曲在暗夜裏、沒有愛情可以依靠、看不到任何光明希望的孤獨女人，所有監獄裏受囚禁的人，所有遭受背叛與遺棄的人，所有被傳統的法令驅逐的人與注定出身低賤的兒童：所有這些人都有歡息聖母的陪伴。她也有一把鑰匙，可是她用不到，因為她的王國是由天下所有流浪者的帳篷組成的。儘管如此，佔據最高尚地位的人也會在暗中為她設立祭壇，甚至叱吒風雲的大英帝國裏，有些人在全

227

世界面前不可一世地昂首闊步,卻暗中在額頭打上她的祕密印記。

「可是第三個女神,最年輕那一個!噓!要談論她就要輕聲說話。她王國的版圖並不大,如果不是那樣的話,沒有人可以活得下去。可是她的權力在這個國度裏是絕對的。即使她用三層紗布密密地遮住她的臉,也藏不住紗布後面底下的眼神所閃現的野性光芒,不論是早晨還是夜晚,是中午還是深夜,潮起潮落,那眼神所含藏的絕望光芒都不改變。這個女神在上帝面前也不低頭,她是精神錯亂的人的母親,自殺的人的顧問。淚之聖母的步伐時而敏捷,時而緩慢,可是她那悲劇性的優雅是不變的;歎息聖母舉步的姿態是謹慎而羞怯的;至於這個最年輕的妹妹,她躍動的姿態活像一隻老虎,移動的方式完全沒有辦法預測。她沒有鑰匙:雖然她很少造訪人類,可是一旦讓她靠近一扇門,她會出其不意撞進去,佔地為王。她就叫做**黑暗聖母**。

「我在牛津的時候,這三個悲傷聖母宛如那陰魂不散的希臘優雅女神優米尼德斯,不時造訪我的夢境(古時候人們因為害怕,所以給她們取了個好名字來巴結)。淚之聖母用她神祕的手輕撫我的頭,好像在對我說話。她對歎息聖母輕輕比個手勢,除非是在夢裏,否則沒有任何人可以讀懂那個信號,那個信號說:『來!來看看這個人。在他還是個小孩的時候,我就把他當成我的寵兒,拿他來供奉我的祭壇了。

我以高傲的姿態引誘他，把他的心勾引到我這裏，讓他意亂情迷。他因我而變成了一個偶像崇拜者，他的心被我塞滿了欲望與慵懶。他喜歡蚯蚓，面對爬滿蠕蟲的墳墓祈禱。墳墓對他而言是神聖不可侵犯的，墳墓的黑暗世界是美好的，連腐敗也無比聖潔。親愛的妹妹，溫柔的歎息聖母！我已經為你準備好這個年輕的偶像崇拜者，好好照管他吧，之後你就可以把他交付給我們那可怕的妹妹。』

「接著，她轉向黑暗聖母說：『你，輪到你照顧他了。用你的權杖壓住他的頭，不要讓任何女人在夜晚用柔情來他的身邊守候。驅趕所有微弱的希望，讓所有愛情的油膏都枯乾，讓大火燒毀眼淚的泉水，用只有你懂的最狠毒咒語詛咒他。這樣烘烤出來的人也就可以稱得上完美了，可鄙的景象、不可言喻的祕密，以及所有不該看的東西都會映入他的眼簾。古老的真理，悲傷、盛大與可怕的真理對他都不再是無字天書。他還沒有死，便已經先復活。到那時候，上帝交付我們的任務就可以說是大功告成了：在我們的努力之下，他的心志經過千錘百鍊，他的精神也將浴火重生。』」

布魯肯幽靈

讓我們趁著五旬節[73]一個風和日麗的星期天爬到布魯肯

---

73 五旬節（Pentecôte）又稱聖靈降臨日，在復活節後第五十天和耶穌升天後

山上。山上萬里無雲,破曉的時刻無比燦爛!在這個新季節裏偶爾還是會有四月的蹤影,四月把人淋得濕漉漉的陣雨總是這樣任性。如果早晨的天氣晴朗,我們在山巔看到布魯肯幽靈❷現身的機會就會比較大。可是這個幽靈與異教徒的靈媒雜處了這麼久,參加過無數黑色的祭禮,我們不免懷疑他的心是否已經被蠱惑,他的信仰是否產生動搖。因此我們看見他的時候可以先比一個十字手勢做為試探,注意看他是否願意跟我們重複一樣的動作。結果他照做了。可是早晨浮動的空氣使整個景象顯得很模糊,如果他只是用敷衍的態度、心不甘情不願地履行義務,我們也看不真切。我們有另外一種方式來試探他。「從前的人管銀蓮花叫做巫婆花,也許是因為當時人們在為『恐懼』舉行恐怖祭禮的時候會用到它。摘一朵銀蓮花,把它放在石頭上,這塊石頭就成了我們的異教祭壇。現在跪下來舉起右手說:我們天上的父!我是祢的僕人。我旁邊這個黑色幽靈被我抓來做為五旬節的僕人,一起在這個真實信仰的祭壇前向祢獻上崇拜!看!這個幽靈也摘下一朵銀蓮花放到祭壇上;他也跪了下來,同時把右手向上帝伸出去。沒有錯,他不出任何聲音,可是啞巴自有他們

十天。五旬節當天聖靈傾注在門徒身上,使門徒得力量與說方言的恩賜,向別人傳揚福音。

74 布魯肯(Brocken)是德國北部最高點,海拔1,142米,氣候潮濕多霧,背對陽光的觀察者偶爾可以透過特殊光學作用看到狀似幽靈的陰影。

服侍上帝的方式。」

　　儘管如此，你可能還是認為這個幽靈長久以來盲從習慣
了，人叫他拜什麼他就拜什麼，而且那天生的奴性使得他模
仿你做的崇拜儀式顯得無足輕重。我們可以再另外找一個方
式來試驗這個奇特東西的本性。比如說，你可能在童年承受
過某種難以抹滅的痛苦，走過一個無可挽回的絕望幽谷，或
者躲在簾幕後面獨自無聲飲泣，就像刻在羅馬聖牌上代表猶
大省的女人肖像。你可以模仿她坐在棕櫚樹下自顧悲傷的樣
子，把頭深埋在雙手裏，讓無邊的痛苦把你圍住。這時候你
看到布魯肯幽靈也遮住他的頭，彷彿他也有一顆人類的心。
他好像要藉助一個無言的象徵來表達一個難以言喻的痛苦記
憶。

　　「這是一個關鍵的試驗。現在你知道了，這個幽靈只不
過是你自身的倒影。當你向他展露你祕密情感的時候，他就
變成一面象徵的鏡子。原本永遠深藏、不見天日的事物現在
都清清楚楚映照在那上面。」這就是流浪者和布魯肯幽靈打
照面的經過。同樣地，鴉片吸食者也有他的布魯肯幽靈，我
們可以稱它為暗面譯者。

　　布魯肯幽靈有時候會因暴風、大霧或驟雨而變形走樣。
同樣地，這個神祕的暗面譯者在傳話時也偶爾會把一些外來
的雜質摻進來。「我醒時深刻的沉思會在心裏留下印記，也
記得我說了什麼話。一般而言，暗面譯者會重複相同的話。

可是有時候，他臉上的表情和他口裏說的話會變成另外一個樣子，那些話聽起來不像是會從我口裏說出來的話。沒有任何人可以完整地解釋發生在他夢裏的事。我相信這個神祕的幽靈在大部分情況下是我忠實的代言人，可是掌管幻想的豐塔休斯神[75]也偶爾會來影響他。」或許我們可以說它和希臘悲劇的唱詩隊之間存在某種關聯：合唱隊經常高聲唱出主角內心祕密的思想，這些思想隱密到連主角自己也察覺不到。另外，唱詩隊還會獻上意見評論，預告未來或者追敘過去，使上天的安排變得比較可以理解，也使他焦慮的心情得到撫平。如果這個悲劇英雄的心給他充分時間去尋找的話，他應該也可以自己找到這些祕密。

海洋沙瓦納

這一本書像是一個憂鬱畫廊，巨大浮動的空間裏陳列了以憂傷為主題的寓意畫。我不確定只看到簡化版的讀者是否有和我一樣強烈的感受：我覺得這個作品的魅力不僅在於它豐富的視覺意象，它也深具音樂的美感，這本書最後一部分也就成了總結交響樂的最後樂章。

「海洋沙瓦納受到天譴，在一夕之間連同矗立其中的紀念碑與沉睡的人民從河邊堅固的基地上被連根拔起，拋到布

---

75 豐塔休斯神（Phantasus），希臘神話裏的神祇。

滿珊瑚的海床上。上帝說：『龐貝古城被我埋葬，在人們面前消失了十七個世紀之久。現在我將埋葬這一座城市，但是它不會從人們眼前消失。我將這個象徵我神祕憤怒的紀念碑擺在人們面前，把它鑲嵌在熱帶海洋晶瑩的穹隆之上，讓蔚藍的陽光生生世世照耀它。經過這個海域的水手透過明亮平靜的海水看見這個寂靜的城市，感覺它好像被保存在一個玻璃鐘罩底下，看盡它的廣場與露臺，細數它教堂的大門與鐘塔。那是一座巨大的墓園，一個反映了凡人一生的童話故事。海底是它安息的庇護所，大氣層裏的暴風雨可以蹂躪萬物，可是卻侵襲不到它。』作者在暗面譯者的陪同下，不止一次來到夢裏重訪孤絕的海洋沙瓦納。他們一起注視著鐘樓，大鐘靜止不動，因為它還在等下一個婚禮；他們走近管風琴，可是它暗啞無聲，不再歌頌天堂的歡樂或表達人類的悲傷；他們一起走過寂靜的房間，五個世代的兒童在那裏安眠。

　　暗面譯者低聲對自己說道：「它們在等待天堂的破曉。當黎明來臨時，鐘塔與管風琴所傳送出來的禮讚樂音將在天堂裏迴盪。」接著他轉頭過來對我說：「這個景象真是令人感到傷心惋惜，可是上帝的安排無法用比這個輕微的災難來顯現。上帝的奧祕就在這裏：當下這一刻經過化簡之後只剩下一個抽象的點，這個點在我們確認它存在之前已經死過一千次。當下這一刻，一切都結束了，而這個大限奔向無限的

速度卻是電光石火一般的無限。相對地，在上帝裏面沒有什麼事是結束的，上帝裏面沒有什麼東西是暫時的。在上帝裏面沒有朝向死亡飛奔的東西。所以，在上帝裏面，當下這一刻是不存在的。對上帝而言，現在就是未來，而且祂犧牲人類的現在以成就未來。這是為什麼世界上會有地震、為什麼祂把苦難加諸人們身上的原因。啊！地震讓祂得以把深層的泥土徹底地翻過來！痛苦讓祂得以把人的靈魂刻畫得這樣深！（祂的聲音膨脹起來，像教堂裏唱詩班的聖詩往上升騰。）上帝的耕作就是需要這麼大的勞動。地震只動搖了一個夜晚，可是祂透過地震為人類所建造的居所卻是萬年的基業。祂從一個孩童的苦難裏所汲取的精神榮耀的收穫，是無法透過任何其他方法得到的。軟弱的犁頭注定不敵冥頑不靈的劣土。人類的居所，也就是我們的地球，它需要被動搖，而痛苦是上帝最得力與不可或缺的工具。是的，（他用嚴肅的眼神望著我，）神祕的地球之子不能沒有痛苦！」

九　結論

　　對一個聰明的讀者來說，這些冗長的夢境與詩意的圖畫儘管帶有濃厚的象徵色彩，它們到頭來還是比那些軼事或傳記更能清楚描繪作者的道德本質。在深深歎息最後一部分，他還能夠以舒坦的心情對遙遠的過去做一番回顧，可是就像書裏其他部分一樣，最珍貴最重要的不是對事件本身的描述，而是作者對這些事件的看法。他常常以晦暗、苦澀與悲傷的口吻來評論這些往事，那是一種孤獨的思想，一個容易受傷的靈魂的獨白，它渴望展開羽翼飛向天際，遠遠地飛離開這一片大地，這個你爭我奪的人間劇場。作者稍早已經以有自知之明的流浪者自居，以坦誠快活的口吻把思想比喻成為酒神的權杖。如果構成權杖的赤裸棍子是思想的主題，那麼思想的傳達便透過纏繞在棍子四周的緞帶、葡萄藤與花朵，帶來豐富的視覺享受。說德昆西的思想千折百回還不夠傳神；它是天然的螺旋曲線。無論如何，這些評論與反思很冗長，沒有辦法在這裏逐一分析，而且我這一片文字的主旨只是在於透過一個具體的例子來說明鴉片對於一個喜歡夢想

與思考的靈魂的影響。就這一點而言，我想任務是完成了。

在這裏，我只需要說這個孤獨的沉思者以自憐的眼光回顧他早熟的感情世界，那是後來無數痛苦與歡樂的泉源。在回顧之中，他看到自己對自由的無限熱愛，也看到責任如何使他打冷顫。「早在我幼年的時候，生命的黑暗面與天堂的溫柔就已經混在一起，不能分開。」在深深歎息最後這幾頁，我們可以讀到一種黑暗與風蝕腐化的氣息，以及從塵世中抽身的渴望。關於年輕時代的冒險，作者所塑造的歡樂玩笑氣氛以及他一貫的自我解嘲風度俯拾即是。可是最觸動我們心弦的是那些無可救藥的憂鬱的詩意火花。比如說，作者面對妨礙我們的自由、挫傷我們的心、踐踏年輕人的權利的人，忍不住高聲罵道：「啊！這些不要臉的人，自稱是某某人的朋友，可是這個朋友在臨死的時候最憎恨的正是這些人。他會在病床上惡狠狠地啐道：我寧可翹辮子，也不要看到你的臉！」要不然，他也另外準備了一種比較虛情假意的訣別語，依我天真的看法，後面這一句話包含了一種近乎博愛的美感：「一般說來，這個世界上少數使我感到噁心的人是那些發達有名望的人。在這之外，我認識不少滑頭的角色，我想到他們就感到快活，一個也不例外。」這個想法當然也適用在那個在倫敦收留他的神祕律師身上。再比如說，作者把生命想像成一個可以透過魔術在我們面前攤開的圖畫：如果我們在年輕的時候可以走進這個魔幻旅店的每一條

走廊、每一個廳堂與房間裏去探看，如果我們可以走進這個魔幻劇場觀賞那些等待我們的悲劇與懲罰，那麼我們，我們的朋友，全部的人，我們將會被嚇得倒退跌坐在地上！他曾經以無可比擬的豐富色彩描繪幸福、光輝聖潔的居家圖像，在繁富的畫框之中一切顯得如此華貴高雅，美麗友善，可是，在依序介紹家裏優雅的女人與女孩之後，母親、女兒，一個一個都依序被厄運的烏雲遮蔽了，於是他下結論說：「正視死亡並不是一件難事。可是——就像我們之中某些人已經領悟到的——在我們看透人類生命是怎麼一回事之後，還有誰能夠正視他出生的時刻（如果他有被通知的話）而不會感到不寒而慄呢？」書的末尾有一個註解，當我把它與德昆西的辭世聯想在一起的時候，一個隱晦的涵義浮現在我眼前。

依照作者的構想，深深歎息的篇幅應該比現有的版本更長。書末的註解說明了：關於三個悲傷聖母的故事可以為他後來的寫作提供一個自然的架構。

因此，第一部分（伊麗莎白的死亡與她弟弟的悲傷）在邏輯上與淚之聖母相呼應。同樣地，第二部分關於賤民世界的描述可以與歎息聖母相呼應。最後，黑暗聖母理所當然地統領了死亡的國度。可是，死亡，我們計畫未來的時候從來不徵詢它的意見，也沒有辦法徵求它的同意。死亡任由我們編織幸福與名望的夢想，它不置可否，卻會忽然從它藏躲的

地方冒出來，一揮手就把我們的計畫、夢想與理想的藍圖打散，而我們卻透過假想，把這些建築當成晚年榮耀的居所！

譯者後記

> 從哲學的觀點來看，人類精神發展好比星辰的運轉，它遵循一條軌跡前進，這一條軌跡最後會帶它回到出發點；做一個結論便好像是在畫一個完美的圓。
>
> ——波特萊爾《人造天堂》

《人造天堂》的翻譯工作引領我走上一條美麗而寂靜的圓形軌道。軌道的另一邊，波特萊爾兀自漫步，時而在前，時而在後。稍後，軌道上出現了第三個人：德昆西。

這兩位作者已經去世。為他們擔任翻譯，就好比與兩個不能相互交談的人走上同一個旅途。我看他們的眼神，聽他們鋪灑在星際的低語，步伐漸漸與他們同緩急。在我不注意的時候，星空裏微微出現一個新的聲音：我的母語加入了這個小協奏。

這一段走了九個月的奇異之旅結束了，各人從此脫離這個偶然的軌道，走上各自的新旅途。憶起波特萊爾筆下從人生戰場歸來的流浪漢：「在晚上再度回到他白天跋涉經過的

田野，回想他先前穿越這一片陌生土地的情景與當時迴盪在他腦子裏無數的奇異幻想。現在這些幻想有如過眼雲煙消失無蹤，他的心情也因而特別溫柔傷感。」現在的我彷彿與他多了幾分神似。

葉俊良

2007 年巴黎謹識